Mosaik
bei GOLDMANN

Buch

Düfte berühren die Seele. Sie können betörend, sexy, kühl oder romantisch sein. Der Autor weiht den Leser in die geheimnisvolle Welt des Parfums ein, erklärt die Kunst der Herstellung und gibt praktische Ratschläge für die zielsichere Auswahl eines Duftes sowie den richtigen Umgang damit. Ein wichtiger Wegweiser zur persönlich abgestimmten Duftnote sind die vom Autor entwickelten und in Fachkreisen sehr gefragten Duft-Landkarten – für Frauen und Männer. Kurzbeschreibungen von beliebten klassischen und aktuellen Parfums erhöhen den praktischen Nutzwert dieses einzigartigen Buches.

Autor

Dr. J. Stephan Jellinek ist ein weltbekannter Duftexperte. Schon in seiner Kindheit wurde er von seinem Vater in die Geheimnisse der Parfümerie eingeweiht. Nach Abschluss des Chemiestudiums war er als kreativer Parfümeur tätig, danach arbeitete er in der Marktforschung und im Marketing bei einer großen Duftfirma. Dr. Jellinek ist Verfasser zahlreicher Publikationen zum Thema, die in vielen Ländern große Beachtung fanden.

DR.J.STEPHAN JELLINEK

Parfum
Der Traum im Flakon

Wesen und Wirkung,
Wahl und Verwendung
klassischer und
moderner Düfte

Mosaik
bei GOLDMANN

Vollständig überarbeitete Taschenbuchausgabe April 2000
Wilhelm Goldmann Verlag, München
in der Verlagsgruppe Bertelsmann GmbH
© 1992 Mosaik Verlag, München
in der Verlagsgruppe Bertelsmann GmbH
Umschlaggestaltung: Design Team München
unter Verwendung folgender Fotos:
Umschlag und Umschlaginnenseiten: Guido Pretzl
Druck: Presse-Druck, Augsburg
Verlagsnummer: 16259
Kö · Herstellung: Max Widmaier
Made in Germany
ISBN 3-442-16259-9

1 3 5 7 9 10 8 6 4 2

Inhalt

Vorwort

*E*in Duft, der die Seele berührt, ist vielleicht die einfachste und die reinste Freude, die wir kennen.

Denken Sie an das kühl fruchtige Aroma einer frisch aufgeblühten Rose an einem Sommermorgen. Denken Sie an die berauschende Duftfülle des Jasmin in einer lauen Nacht in südlichen Gärten. Denken Sie an die prickelnde Würze von Humus und Fichtennadeln im herbstlichen Wald und an die staubig harzige Süße von frisch gesägtem Holz auf einer sonnigen Lichtung. Erinnern Sie sich an das uralte Mysterium des Weihrauchs, das Sie beim Betreten einer alten Kirche umfängt, an den Rauch von Holzfeuer an einem Regentag, der Sie in das Bergdorf Ihres Jugendsommers zurückversetzt...

Dufterlebnisse sind flüchtig, gewichtlos, schnell verhaucht, und doch berühren sie uns tief und hinterlassen ein seltsames Glücksgefühl. Es ist, als hielte die Zeit einen Augenblick den Atem an und als wäre das, was uns der Duft in diesem Augenblick sagt, das Wichtigste der Welt.

Aus der Erinnerung an solche Erlebnisse webt der Parfümeur seine Parfums, zarte wortlose Gedichte, strahlende Blütenflammen, dunkel schillernde Traumgebilde. Ein Parfum verwenden heißt, den Zauber einer Duftschöpfung mit dem eigenen Wesen verschmelzen. Auf Ihrer Haut wird die Kreation des Parfümeurs zum modischen Accessoire und zum Komplizen der Verführung, wird seine Inspiration zum Ausdruck Ihrer geheimsten Träume, werden die Tropfen aus dem kostbaren Flakon zu Ihrer ganz persönlichen Aura.

Die Kunst, mit Duft umzugehen, kann Ihr Leben wunderbar bereichern, doch sie wird nirgendwo gelehrt. Sie erfordert kein technisches Wissen und keine hochgeschulte Nase, wohl aber Liebe und den Willen, die Düfte auf sich einwirken zu lassen und sich mit ihnen auseinanderzusetzen. Mein Buch will Sie in diese schöne Kunst einführen.

Dieses Buch ist aus meiner Berufserfahrung als Parfümeur und aus meinen persönlichen Dufterlebnissen entstanden, aber auch aus unzähligen Gesprächen mit Frauen, die Parfum lieben und verwenden, und mit Parfumberaterinnen. All meinen Gesprächspartnern, die namenlos bleiben müssen, bin ich zu Dank verpflichtet. Mein besonderer Dank gilt Katrin Hoppe und Nadja Avalle; ihre kritischen Bemerkungen und Anregungen zum Manuskript waren ein wesentlicher Beitrag zum Gelingen des Buches. Herrn Robert Tisserand danke ich für die Erlaubnis zur Wiedergabe des Stimmungskreises. Auch die Anerkennung, die ich in Luca Turin (oder wer immer sich hinter diesem Namen verbirgt) für die herrlich subjektiven, manchmal frechen, aber immer feinfühligen Kommentare in seinem Büchlein »Parfums le guide« schulde, darf nicht unerwähnt bleiben. Ich habe sie immer wieder zitiert und hoffe, dass meine Leser meine Freude an ihnen teilen werden.

Holzminden, im Januar 2000

Die sechs goldenen Regeln

1

Kein Tag ohne Parfum!

2

Nutzen Sie jede Gelegenheit,
neue Parfums zu entdecken!

3

Welche Duftrichtungen passen zu Ihnen?
Darüber entscheidet nur Ihr eigenes Empfinden!

4

Ist es das richtige Parfum für Sie?
Nur die Probe auf der Haut sagt es Ihnen!

5

Verwenden Sie nie ein Parfum, mit dem Sie sich
nicht vollkommen wohl in Ihrer Haut fühlen!

6

Verwenden Sie zuviel oder zu wenig?
Hören Sie auf Ihre Freunde!

Auf den Flügeln des Duftes

Die zweifache Ausstrahlung

Wir tragen Parfum an der Oberfläche der Haut, genau dort, wo sich unser Körper und die Welt, die uns umgibt, berühren. Von dieser Stelle strahlt der Duft in zwei Richtungen: in die Welt hinaus und in uns selbst hinein.

Die Ausstrahlung nach außen findet ganz konkret statt: Moleküle, kleinste Teilchen des Duftes verlassen ständig die Hautoberfläche und werden mit der Atemluft von den Menschen in unserer Umgebung aufgenommen und wahrgenommen. So wird das Parfum eine unsichtbare Brücke, die wir zu den Menschen schlagen, und ein lautloser Lockruf, mit dem wir sie ansprechen.

Die Ausstrahlung nach innen kommt durch unsere eigene bewusste oder unbewusste Wahrnehmung des Duftes zustande, und durch unser Bewusstsein, das Parfum verwendet zu haben. Auch wenn wir selbst den Duft bald nach dem Auftragen kaum noch bewusst wahrnehmen, so wirkt er doch noch lange nach. Er wirkt auf unsere Stimmung, auf unsere Selbstsicherheit und auf die Freude an unserem Körper.

Jede Veränderung, die wir an der Hautoberfläche vornehmen, hat diese zweifache Ausstrahlung – so auch unsere Kleidung und das Make-up, das wir verwenden. Deshalb haben Duft, Mode und Make-up psychologisch vieles gemeinsam. Aber der Duft verschmilzt im konkreten Sinn enger mit dem Körper und in der Empfindung fester mit dem Wesen des Trägers als die Mode. Er verbindet sich enger mit dem Körper, denn wir können ihn nicht mehr ohne Weiteres ablegen; unsere Körperchemie wirkt auf ihn ein und macht ihn zu unserem persönlichen Attribut. Und er verschmilzt in unserer Empfindung fester mit dem Wesen des Trägers, denn wir empfinden die Eindrücke unserer Nase mehr ganzheitlich und emotional als die kühl-analytischen Wahrnehmungen des Auges.

Wie ein Mensch sich kleidet und schmückt gibt uns Aufschluss über seine gesellschaftliche Position, über seine Einstellung zu sich selbst und den Mitmenschen; sein Geruch aber ist in unserem intuitiven Empfinden Ausdruck seines inneren Wesens. In den Worten von Jacques Polge, Chefparfümeur von Chanel: »Ein Kleid ziert das Äußere, das Parfum ist eine innerliche Dimension des Femininen.«[1]

Die Wahrnehmungswelten von Nase und Auge sind in ihrem Wesen völlig verschieden. Wir verarbeiten die Eindrücke des Auges weitgehend bewusst und analytisch. So können wir beispielsweise an einem Kleidungsstück den Schnitt, die Farbe, die Beschaffenheit des Stoffes, die Position und Form der Knöpfe und tausend andere Einzelheiten gesondert wahrnehmen. Ein Parfum empfinden wir, wenn wir nicht die geschulte Nase eines Parfümeurs haben, als eine Einheit, wir können daran keine Details, keine Einzelheiten unterscheiden. Deshalb ist es so schwer, über Düfte zu sprechen – wir können lediglich über die Gefühle sprechen, die sie in uns auslösen, und auch das nur beschränkt, weil sich beim Duft so vieles im Unbewussten abspielt.

Der Gesichtssinn ist ein Fernsinn, der Geruchssinn dagegen ein Nahsinn. Wenn wir etwas sehen, wird die Netzhaut unserer Augen nur von elektromagnetischen Schwingungen berührt, die von der Sonne kommen und von dem Objekt, das wir sehen, reflektiert werden. Beim Riechen dagegen treten die Zellen unserer Nasenschleimhaut ganz unmittelbar mit Teilchen der duftenden Substanz in Kontakt. Wir sind uns dieser Mechanismen natürlich nicht bewusst, und doch schwingt bei jeder Geruchswahrnehmung ein dunkles Gefühl des Berührtwerdens und der körperlichen Gegenwart des Wahrgenommenen mit. Das gibt dem Geruchssinn eine elementare emotionale Qualität, die dem distanzierten Gesichtssinn fremd ist.

Wir kennen alle das Gefühl, wenn uns unverhofft ein Duft aus längst vergangener Zeit begegnet. Es ist nicht eine rein gedankliche Erinnerung wie beim Betrachten eines alten Fotos. Es ist vielmehr der Schock, plötzlich körperlich in die Vergangenheit versetzt zu sein. Durch den Duft wird sie wieder konkret, fast greifbar präsent. Es ist kein Zufall, dass das Ereignis, das in Prousts Romanserie »A la Recherche du Temps perdu« die Brücke zur wiedererlebten Kindheit schlägt, ein Geschmacks- und Geruchserlebnis ist.

In einem Film von Roger Vadim (»Sait-on jamais«) neigt sich der Held nach der Trennung nicht über das Foto der Geliebten, nein, er sucht die Spuren ihres Körpers, ihres Parfums, auf den Bettlaken und den Sesseln.[2] Er fühlt, wo ihr Duft ist, da muss sie selbst noch sein. So empfinden auch Kinder, die ruhig werden, wenn die Mutter ihnen das Tuch ins Bett legt, das sie soeben getragen hat. Vielleicht ist hier auch der Grund dafür zu suchen, dass man nach dem Verlust eines geliebten Menschen – durch Trennung oder Tod – diesen besser überwinden kann, wenn man die Wohnung wechselt: nur so kann man den Duftspuren des verlorenen gemeinsamen Lebens entfliehen.

Längst schon ist sie fortgezogen,
Längst schon teilt sie das Bett
Mit einem Anderen.

Ich öffne den Schrank
Der der ihre gewesen
Und bin umfangen von ihrem Parfum
Und ihrem Lachen, ihren braunen Augen.

Wie seltsam ist das Leben
Und die Liebe
Und der Schmerz!

Obwohl wir beim Riechen das Gefühl der körperlichen Präsenz und des Berührtwerdens haben, können wir doch den Duft nicht festhalten. Darin liegt eine weitere Besonderheit des Geruchserlebnisses. Es ist mehr als eine Verheißung und weniger als deren Erfüllung. Mehr als eine Verheißung, denn wir empfinden das versprochene Glück als schon wahrnehmbar anwesend; und doch tritt die Erfüllung nicht ein, denn wir können das Glück nicht in Besitz nehmen.

Oscar Wildes Bonmot über die Zigarette: »Sie ist der vollkommene Genuss. Sie ist exquisit und befriedigt niemals«, trifft auch auf das Parfum voll zu. Ja, das Ungreifbare und das nie ganz erfüllte Verlangen muss Teil des Duftzaubers sein; denn jeder Duft wird bedrückend, wenn er zu lange anhält, wie der schwere Atem von Tuberosen in einem geschlossenen Raum.

Alle diese Eigenheiten der Düfte: Die Verschmelzung mit dem Träger, das Unbewusste und kaum Analysierbare der Wahrnehmung, die emotionale Kraft der Empfindung, sie alle schwingen in der Ausstrahlung des Duftes sowohl nach innen wie nach außen mit. Sie bestimmen die Rolle, die das Parfum für uns spielt und sind der Grund, warum wir es verwenden. Sehen wir uns diese Rollen einmal näher an.

Das unsichtbare Modeaccessoire

Parfum ist das i-Tüpfelchen einer gepflegten, eleganten oder modischen Erscheinung; es fügt der Schönheit die Ausstrahlung hinzu. Coco Chanel hat gesagt: »Das Parfum ist das unsichtbare aber unvergessliche und unübertreffliche Modeaccessoire. Es kündigt das Kommen einer Frau an und hallt nach, wenn sie gegangen ist.«[3] Kürzlich wartete ich in einer belebten Hotelhalle auf eine

Freundin. Noch bevor ich sie sah, fing ich plötzlich einen Hauch des Parfums auf, das sie seit Jahren trägt und wusste auf eine wunderschöne Weise, dass sie da war.

Allerdings zwingt die Ausstrahlung des Parfums zur Zurückhaltung in der Verwendung. Wir haben alle schon die zu stark parfümierte Dame im Theater, im Restaurant oder im Lift erlebt. Solche Begegnungen sind unangenehm, weil wir den Düften hilflos ausgeliefert sind. Wir können wegschauen, wenn wir etwas nicht sehen wollen, aber wir sind zum Atmen und somit zum Riechen gezwungen. Ein zu großes Schmuckstück mutet überladen an, es wirkt sich aber nur auf unseren Eindruck von der Trägerin aus. Doch ein zu starkes Parfum verletzt unsere Privatsphäre; deshalb lehnen wir die meisten aufdringliche Düfte so vehement ab.

Auch wenn das Parfum bei zurückhaltender Verwendung von den Menschen in der Umgebung vielleicht gar nicht bewusst bemerkt wird, kann es trotzdem der Schönheit und Eleganz der Trägerin einen besonderen Glanz verleihen. Untersuchungen haben immer wieder gezeigt, dass auch Düfte, die nur unterschwellig wahrgenommen werden, die Beurteilung von Menschen (und auch von Räumen und Gegenständen) maßgeblich beeinflussen.[4]

Der geheime Komplize der Verführung

Parfum ist auch Verführung. Judith wusste das, als sie ihren Körper mit duftenden Salben parfümieren ließ, ehe sie zum Zelt des Holofernes ging. Kleopatra wusste es, als sie Antonius auf einer Barke empfing, die mit duftenden Blumen reich beladen war. Jede Frau weiß es. Marilyn Monroes Antwort auf die Frage eines Reporters, was sie nachts im Bett trüge, »ein paar Tropfen Chanel No 5«, ging um die Welt. In seinem Buch »Die psychologischen

Grundlagen der Parfümerie« sagte mein Vater, der Zweck der Parfümerie sei, »eine sexuelle Reizwirkung zu schaffen oder zu verstärken«.[5]

Hier wirkt das Parfum gleich auf dreifache Weise. Es weckt im Mann die Empfindung der Nähe, der Wärme des weiblichen Körpers und wirkt dabei ganz unmittelbar körperlich auf ihn ein. Es ist auch ein Signal, das ihm sagt: »Ich will, dass du auf mich aufmerksam wirst. Ich will für dich attraktiv sein.« Und es gibt der Frau, die es trägt, Selbstsicherheit; diese steigert ihre erotische Ausstrahlung.

Schon der Duft des Körpers an sich, wenn er nicht von Ungepflegtheit zeugt, ist ein Aphrodisiakum. Heinrich IV. schrieb seiner Geliebten, Gabrielle d'Estrées: »Waschen Sie sich nicht mehr, meine Liebe, ich komme in acht Tagen«. Den Parfumbestandteilen, die eine Ähnlichkeit mit dem natürlichen Körperduft aufweisen, wird eine besonders erotisierende Wirkung zugeschrieben.[6]

Menschen, die sich der Wirkung des natürlichen Duftes ihres Körpers bewusst sind, stellen oft die berechtigte Frage, warum man ihn durch ein Kunstprodukt übertünchen oder ersetzen solle. Darauf gibt es zwei Antworten. Zum einen ist der natürliche Duft des gepflegten Körpers nur aus nächster Nähe wahrnehmbar. Die Geschichte des Parfumgenies Grenouille, der in Patrick Süskinds Roman »Das Parfüm« dem Körperduft eines jungen Mädchens über eine halbe Meile hinweg durch Paris nachspürt,[7] hat einen wahren Kern, beansprucht aber, was die Intensität der Wirkung anbelangt, große dichterische Freiheit. Das Parfum als Aphrodisiakum ist ein Weg, den natürlichen Duft des Körpers auf ästhetische Weise zu verstärken und zu unterstreichen.

Zum anderen: der Mensch ist ein Kulturwesen und war immer schon, auch in den primitivsten Gesellschaften, bestrebt, seinen Körper nicht so zu belassen, wie ihn die Natur geschaffen hat, sondern ihn schmückend zu verhüllen und durch Kunstgriffe der verschiedensten Art umzugestalten. Das Beduften mit Parfum ist eine Einkleidung und eine kulturelle Umgestaltung des natürlichen Körperduftes.

Der Reiz des Unnötigen

So reizvoll und wirksam das Parfum als Modeaccessoire und Liebeszauber sein mag, es gibt auch heute noch viele Frauen, die es nur selten oder überhaupt nicht verwenden. Sind diese Frauen in ihrem gesellschaftlichen oder ihrem Liebesleben stark benachteiligt? Dafür gibt es keine Anzeichen. Trägt eine Frau – oder ein Mann – keinen Duft, so fällt dies meist kaum auf, und erregt schon gar keinen Anstoß. Ist also das Parfum unnötig? Ja – doch darin liegt keine Schwäche, sondern eine Wurzel seines Reizes.

Man könnte alles, was der Mensch tut und was er besitzt, in zwei große Sphären unterteilen: die Sphäre des Nötigen und die des Unnötigen. Nötig ist alles, was unmittelbar einer der beiden Aufgaben dient, die wir mit allen lebenden Kreaturen teilen: die Selbsterhaltung und die Fortpflanzung. Alles, was nicht zu diesen Erfordernissen beiträgt, ist in einem fundamentalen Sinn unnötig.

Das täglich Brot ist nötig, das Gläschen Wein unnötig. Gehen, um sich fortzubewegen, ist nötig, tanzen ist unnötig. Arbeiten, um Geld zu verdienen, ist nötig, dabei ein Liedchen pfeifen unnötig. Auf den Straßenverkehr achten ist nötig, den aufgehenden Mond betrachten unnötig. Geschlechtsverkehr ist nötig, romantische Liebe unnötig.

Das Parfum gehört zweifellos in die Sphäre des Unnötigen. Man kann sehr wohl ohne Parfum überleben und auch ohne Parfums Kinder kriegen. Aber es bedarf wohl keiner langen Ausführungen, um darzulegen, dass die Freude am Leben erst beim Unnötigen anfängt. Der Mensch lebt, wie das alte Wort sagt, nicht vom Brot allein.

Stellen Sie sich vor, es gäbe morgen ein Gesetz, das das Tragen von Parfum zur Pflicht macht. Würden die Düfte dann nicht mit einem Schlag ihren Zauber verlieren? Das Freiwillige und Unnötige, der »Luxus«, machen einen großen Teil dieses Zaubers aus.

Weil das Parfum unnötig ist, ist es immer schon ein beliebtes Geschenk gewesen. Schöne Geschenke ignorieren die Bedürfnisse des Alltags und lassen sie dadurch unwichtig erscheinen. Sie sind schön, weil sie uns aus dem Alltag hinaus, über ihn hinweg versetzen. Feine Pralinen sind als Geschenk mehr begehrt als Frühstücksmüsli, ein Seidenschal mehr als wollene Unterwäsche – und ein Parfum, der totale Luxus, ist das allerschönste Geschenk.

Das magische Elixier

Es kommt beim Parfum noch etwas Besonderes dazu. Wir finden in allen Kulturen, zu allen Zeiten, den Glauben an die magischen Kräfte, die in bestimmten Stoffen schlummern – und den Glauben, dass wir diese Kräfte auf uns selbst übertragen, wenn wir diese Stoffe einnehmen oder sie auf die Haut auftragen.

Die alten Griechen rieben die Augen eines erblindenden Mannes mit der Galle des scharf sehenden Adlers ein.[8] Die Frauen der Cherokee-Indianer wuschen ihr Haar mit dem Auszug einer drahtig-zähen Wurzel, um es zu stärken.[9] Bei den Moab Arabern ziehen unfruchtbare Frauen das Gewand einer kinderreichen Frau an, um den Kindersegen an sich zu ziehen.[8] In der Taufe der Kinder mit geweihtem Wasser schwingt ein ähnlicher Glaube noch heute symbolisch mit. In unserer unbewussten Vorstellung verkörpert auch das Parfum verborgene Kräfte – der Duft ist ihr Zeichen – und wenn wir es verwenden, übertragen wir diese Kräfte auf uns selbst.

Diese Vorstellung entstammt nicht der Welt der Vernunft, aber Düfte haben mit Vernunft wenig zu tun. Parfumkenner haben das immer schon gewusst, auch ohne die Kenntnis neuroanatomischer Zusammenhänge. Heute wissen wir, dass dies eine Tatsache ist, die aus der Struktur des Gehirns hervorgeht. Während die Nervenbahnen, die von den Augen und den Ohren kommen, direkt in den Kortex gehen, also in das Organ, in dem die analytischen Gedanken geformt werden, führen die Riechnerven unmittelbar in den »archaischen« Teil des Gehirns, das limbische System, welches nicht die Vernunft sondern die Emotionen steuert. In unserer unmittelbaren und unreflektierten Reaktion auf Düfte sind wir nicht die Kinder eines aufgeklärten Zeitalters; vielmehr gleichen wir unseren Vorfahren, die an Regentänze und Zaubersprüche glaubten – und auch an die wunderbaren Kräfte, die in den Düften schlummern.

In den verschiedensten Kulturen seit der Frühzeit der Menschheit waren Duftopfer Teil der Zeremonien, in denen der Mensch sich an die Götter wandte. Und immer schon haben die kostbaren Gefäße, in denen die Düfte aufbewahrt wurden, die übernatürlichen Kräfte, die man diesen zuschrieb, dokumentiert. Auch in der nüchternen Welt von heute zeugen die edlen Flakons der Parfums noch von der Magie der Düfte.

Wenn in der Antike ein Priester oder ein Fürst in sein hohes Amt erhoben wurde, war die Salbung mit kostbaren Duftölen ein wesentlicher Teil des Rituals. Durch sie erlangte er, magisch oder symbolisch, die Kräfte, die seine neue Aufgabe von ihm forderte. Heute noch ist für die Frau das Auftragen eines Duftes ein kleines Ritual, genussvoll und bedeutungsvoll zugleich. Die deutsche Duftexpertin Diotima von Kempski erzählt, wie sie als kleines

Mädchen die Faszination der Parfums entdeckte beim Beobachten ihrer Mutter, die sich für den Abend zurechtmachte. »Ich kann mich noch heute an die Zeremonie erinnern, mit der meine Mutter die einzelnen Tropfen eines Guerlain-Parfums auf Nacken und Arm tupfte. Ich spürte, dass das Parfümieren für meine Mutter ebenso wichtig war wie der bevorstehende Abend selbst.«[10]

Was sind nun die Kräfte, die den Parfums innewohnen? Sie sind unterschiedlich, und der Name des Duftes, die Gestaltung seines Flakons und die Werbung sind Zeichen, die sie offenbaren. Doch eine Fähigkeit haben alle kostbaren Düfte gemeinsam: Weil sie als Luxus über den Nöten und den Zwängen des Alltags schweben, helfen sie, uns über diese hinwegzusetzen und ihnen zu entfliehen. In den Worten von Marylène Delbourgh-Delphis, der französischen Kulturhistorikerin: »Wie die Mode ist auch das Parfum die Wissenschaft des sanften Entfliehens, das inmitten des normalen Lebens einen privilegierten Raum schafft.«[11]

In ihrer Autobiographie schrieb Fernande Olivier über ihr Leben in Paris mit Picasso, als sie jung waren und das Geld rar: »Oft hatte ich keine Schuhe, aber ich hatte immer mein Parfum, meinen Reispuder, meine Bücher, meinen Tee und Pablos Zärtlichkeit.«[12] Solange Fernande ihr Parfum und die anderen unnötigen Sachen hatte, konnte sie ihre Armut vergessen und ertragen. Im Herbst 1989, zu einem Zeitpunkt, als die Sowjetunion anfing, sich dem Westen mehr zu öffnen, und als dort bei vielen wichtigen Konsumgütern noch große Knappheit herrschte, war der erste Laden, in dem die Bevölkerung von Moskau Güter aus dem Westen kaufen konnte, eine Boutique von Estée Lauder.[13]

Mit der Magie des Unnötigen hebt uns das Parfum nicht nur über die Armut, sondern auch über Gefahren hinweg. Die französische Autorin Françoise Sagan berichtet, dass ihre Mutter während der nächtlichen Luftangriffe auf Lyon im 2. Weltkrieg darauf bestand,

»gut frisiert und leicht parfümiert in den finsteren Keller zu gehen, der uns noch finsterer erschien, weil wir die einzigen waren, die sich in diesen Nächten um Parfum kümmerten. Wir hatten aber beim Warten nie Angst.«[14]

Auch die selbstsichere und couragierte Frau ist in ihrem täglichen Leben nicht frei von Ängsten. Kann ich die Herausforderungen, mit denen mich die Welt jede Stunde aufs Neue konfrontiert, bewältigen? Kann ich so perfekt sein, wie man es von mir erwartet? Das Parfum schützt sie wie ein unsichtbarer Mantel vor diesen Ängsten. Es sagt ihr, wortlos aber unmissverständlich: »So wie du bist, bist du gut.« Der »privilegierte Raum«, den das Parfum laut Marylène Delbourgh-Delphis inmitten des Alltags schafft, ist ein geschützter Raum.

Die schwebende Brücke der Träume

Ein französischer Meisterparfümeur hat geschrieben: »Man parfümiert sich nicht mehr einfach, um ›gut zu riechen‹. Immer ist da die Anziehungskraft dieser undefinierbaren Aura von Träumen und Wunschvorstellungen, in die sich die Frau hüllt«.[15] Marylène Delbourgh-Delphis nennt das Parfum »le milieu rêvé«, die erträumte Welt.[16] Name, Flakon und Werbung sind wesentlicher Teil des Parfums, denn sie geben dem Traum, den wir um den Duft weben, seine Gestalt. Wenn wir unsere Haut mit dem Parfum benetzen und es untrennbar mit unserem Körper verschmilzt, treten wir in diesen Traum ein. Der japanische Designer Kenzo gab seinem ersten Parfum die wunderbare Bezeichnung »die schwebende Brücke der Träume« mit auf den Weg.

Die Werbung für *Fidji* sagt aus, was schon der Name andeutet: »La Femme est une île«. Sie zeigt uns den privilegierten Raum, in den uns der Duft versetzt: eine sonnenüberflutete einsame tropische Insel, auf der die Frau Ruhe und Erfüllung findet, und auf der sie zugleich sinnlich und unschuldig sein kann. Der Duft selbst, blumig aber gleichzeitig raffiniert, fast kühl-distanziert, doch mit einem angedeuteten Unterton von Sinnlichkeit, bringt das »milieu rêvé« auf seine eigene Weise zum Ausdruck.

Die Träume, die aus einem Parfum geboren werden, sind wie Schmetterlinge, bunt und schwer einzufangen. Manchmal haben Dichter und Werbetexter dennoch versucht, sie in Worte zu fassen. Hier ist ein schönes Beispiel aus jüngster Zeit:

»*Shalimar* stammt aus den Gärten Indiens. Unter dem Seidenglanz des Liebestrunks liegt noch der Schauer des rosa Marmors der Paläste und der wilde Taumel der Musik der Nacht. Das ist kein unschuldiger Gesang... Über dem Einstieg liegt der Reiz des Unausgesprochenen. Zitrone, Orange, Rosenholz, Koriander, Estragon: Der Garten des sorgenfreien Palastes. Aber die Gewürze? Magische Kreise aus Gewürzen, Zimt, Pfeffer, Nelke. Träge glüht Sandelholz in den Räucherstäbchen. Strahlend und berauschend die Duftwoge von Zibet und Vanille – und graue Ambra schwingt in der Erinnerung nach. Ein unvergessliches Gedicht, für ein Fest geschaffen, vielleicht für ein Fest des Körpers.«[17]

Der Duft, der Name mit seinen vielfältigen Assoziationen und die geheimen Wünsche einer Frau verschmelzen zu einem Traum, der das Erleben des Parfums zu einer tief poetischen, fast mystischen Erfahrung macht.

Das lustvolle Ritual

Ernst Shiftan, der Schöpfer des modernen amerikanischen Stils in der Parfümerie, hat mir einmal erzählt, wie es dazu kam, dass er Parfümeur wurde. Als zehnjähriger Junge spielte er am Toilettentisch seiner Mutter und schnupperte aus Neugierde an ihrem Parfumflakon. In diesem Moment hatte er das Gefühl, von einer Wolke der Schönheit eingehüllt und durchdrungen zu werden. Das Erlebnis war so stark, dass es die bewegende Kraft seines Lebens wurde: Er wollte auch solche Schönheit schaffen.

Auch wenn wir uns nicht entscheiden, Parfümeur zu werden, so können wir doch alle den magischen Augenblick des kleinen Jungen nachvollziehen. Das plötzlich bewusste Wahrnehmen der Duftaura einer schönen Frau, das Auftragen oder Sprühen eines geliebten Parfums auf die eigene Haut und das Sicheinhüllen in seine Wärme – das sind genussvolle Erlebnisse des Alltags, Augenblicke, in denen uns die Freude am Duft einen Moment lang alles andere vergessen macht.

Dieser Genuss ist ganz spontan, ganz einfach – wir wollen ihn nicht durch analytische Betrachtungen trüben. Und ebenso einfach ist die erste goldene Regel über den Umgang mit Parfums.

Kein Tag ohne Parfum!

Manche Frauen verstoßen gegen diese Regel, weil sie die Magie des Unnötigen und den Genuss, den das Parfum schenken kann, noch nicht entdeckt haben. Andere tun es aus einem fast entgegengesetzten Grund: Sie schätzen das Parfum in seiner Kostbarkeit so hoch, dass es ihnen für den Alltag zu schade ist. Sie heben es, wie das kostbare Abendkleid und die Flasche edlen Champagner, für besondere Höhepunkte auf.

Auch die Kennerin schätzt das Parfum hoch. Sie hat für den großen Augenblick das besondere Parfum – ob es nun ein gesellschaftlicher Anlass ist oder ein intimer oder einfach ein Moment der plötzlich bewussten Freude am Leben ... Aber für sie ist der große Augenblick nur ein Anlass unter vielen für das Parfum. Sie

kennt auch das Parfum für den Büroalltag und für den Einkaufsbummel mit einer Freundin, das Parfum für die Momente der Nie-
dergeschlagenheit und des Selbstzweifels, das Parfum, mit dem
man morgens etwas von der Sicherheit des eigenen Heims und der
eigenen Persönlichkeit in die harte, fordernde Welt hinausträgt.

Die Kennerin versteht genau, was Cathérine Deneuve meinte,
als sie in einem Interview sagte: »Jeder Augenblick meines Lebens
wird von Parfum begleitet... Ich würde eher meine Brille oder
meine Schlüssel vergessen, als ohne Parfum aus dem Haus zu gehen.«[18] Für sie ist die erste goldene Regel eine Selbstverständlich-
keit.

Die Qual
der Wahl

Die verwirrende Vielfalt

*N*iemand kann Ihnen vorschreiben, welches Parfum Sie tragen sollten, und die Vielfalt der Düfte in den Regalen der Parfümerien ist wunderbar – aber diese Freiheit und diese Vielzahl der Möglichkeiten machen es nicht leicht, sich bei der Suche nach einem neuen Parfum zu orientieren. Wie wollen Sie in der verwirrenden Fülle des Angebots das Parfum finden, das für Sie das Richtige ist?

Auf gut Glück testen kann nicht der beste Weg sein. Sprüht Ihnen eine hilfreiche Beraterin mehrere Parfums auf Handrücken und Innenarm oder überreicht sie Ihnen eine kleine Sammlung bedufteter Kärtchen, so wird Ihre Nase beim Schnuppern bald müde und ihr Kopf dreht sich. Was war doch der Duft, den sie auf meinen rechten Puls gesprüht hat, und auf welchem der drei Kärtchen war denn eigentlich das Parfum des jungen italienischen Designers? Fand ich nicht soeben den Duft auf meiner linken Hand so schön frisch? Jetzt scheint er ganz anders zu sein. Oder täusche ich mich?

Wir wollen eine bessere Methode finden. Es geht kein Weg am Testen auf Ihrer Haut vorbei, aber es gibt Ansätze, die die Suche weniger verwirrend und aussichtsreicher machen. Der erste Schritt besteht darin, die Wahl einzuengen, bevor Sie zu testen anfangen.

Werbung, Namen, Flakons

Lesen Sie Frauen- und Modezeitschriften, dann kennen Sie bestimmt schon viel Parfumwerbung. Manche der Anzeigen sind Ihnen aufgefallen und haben Sie angesprochen. Natürlich haben Sie Lust, die Parfums zu testen, deren Werbung Ihnen gefällt.

Obwohl keine Werbung einen Duft genau beschreiben kann, so gibt sie doch, durch ihren Stil und ihre Farben, durch die Szene oder die Frau, die sie zeigt, einen Eindruck des Duftcharakters. Sie sagt Ihnen, ob das Parfum ausdrucksstark oder dezent ist, raffiniert oder natürlich, sinnlich oder kühl.

Achten Sie bei der Vorauswahl auch auf den Namen des Parfums, die Farben der Packung, und die Form des Flakons. Auch der Name des Designers oder des Parfumhauses, das hinter der Kreation steht, hilft Ihnen bei der Suche. Lieben Sie die Mode des Designers, dann stehen die Chancen gut, dass Ihnen auch sein Parfum gefallen wird, denn er hat dessen Stil mitgeprägt. Schätzen Sie Parfums eines bestimmten Hauses, dann wird Ihnen wahrscheinlich auch eine neue Kreation von dort zusagen, denn viele Parfumhäuser wahren zwischen ihren Parfums eine Familienverwandtschaft.

Name, Werbung und Flakon helfen Ihnen in der Vorauswahl nicht nur, weil sie Hinweise auf den Duft geben, sondern auch weil sie an sich Teil des Parfums sind. Ein Parfum ist nicht nur ein Duft, sondern auch ein Traum, und alle seine Elemente, auch Werbung, Name und Flakon, geben zusammen diesem Traum Form und Inhalt. Parfumkenner mögen behaupten, dass es ihnen nur um den Duft geht. Aber auch sie, ja, sogar Parfümeure, können sich von dem Einfluss der anderen Elemente auf ihre Empfindungen nicht frei machen.

Und warum sollten Sie sich bei einem so reichhaltigen Angebot mit einem Parfum zufrieden geben, an dem Ihnen nicht alles zusagt? Sie sollen auf den Flakon auf Ihrem Toilettentisch stolz sein und ihn gerne in die Hand nehmen, die Werbung soll Sie ansprechen und der Name soll Musik in Ihren Ohren sein.

Das Neue und das Vertraute

Ist Ihnen die Welt der Parfums nicht ganz fremd, so finden Sie auf Ihrer Suche weitere Ansatzpunkte in den Düften, die Sie heute verwenden oder in der Vergangenheit benützt haben, und in den Parfums, die Ihnen an Ihrer Freundin oder an einer Kollegin im Büro aufgefallen sind – Ansatzpunkte, die einer erfahrenen Parfumberaterin wichtig sind und die Sie selbst mit Hilfe des Duftberaters im nächsten Kapitel dieses Buches verwerten können.

Achten Sie darauf, so werden Sie feststellen, dass neue Parfums, die Sie ansprechen, vieles gemeinsam haben mit den vertrauten Düften, die Sie lieben.

Duftbeschreibungen

Je klarer Sie in Worten ausdrücken, was Sie suchen, und was Ihnen an dem Parfum, das Sie gerade testen, gut oder weniger gut gefällt, desto besser kann Sie die Verkäuferin beraten. Es fällt Ihnen wahrscheinlich nicht leicht, über Duft zu sprechen, doch das ist eine erlernbare Kunst. Machen Sie es sich zur Gewohnheit, die Duftbeschreibungen zu lesen, die Sie in den Zeitschriften, in den Katalogen der Parfümerien und auch in diesem Buch finden. Besser noch: schnuppern Sie, wann immer es geht, an den Parfums, die da beschrieben werden, und vergleichen Sie Ihre eigene Duftempfindung mit der Beschreibung. Bald wird es Ihnen leichter fallen, Ihre Eindrücke und Wunschvorstellungen in Worte zu fassen.

Ich meine hier vor allem die Beschreibungen, die den Charakter der Parfums beschreiben, nicht die Aufzählung der Bestandteile der Düfte. Diese sind zwar schön zu lesen, aber im Grunde wenig hilfreich, denn sie geben über den Duft als Ganzes wenig Aufschluss. Lassen Sie sich vor allem nicht dadurch entmutigen, dass Sie den Duft mancher Bestandteile, die da genannt werden, nicht kennen und dass Sie manche der genannten Duftnoten, die Ihnen wohl bekannt sind, im Parfum nicht wieder erkennen. Einzelbestandteile aus einer Mischung »herauszuriechen« ist eine Kunst, die auch der Parfümeur nur in Jahren intensiver Arbeit erlernt. Sie wollen ja nicht Parfümeur werden – Sie wollen sich nur klar werden über die Empfindungen, die ein Parfum in Ihnen auslöst, so klar, dass Sie sie in Worte fassen können.

Das kommt Ihnen nicht nur beim Gespräch mit der Verkäuferin zu statten. Sie gewinnen dabei auch in Ihrer Freude an den Parfums. So wie der Musikkenner, der sich nicht nur emotional der Musik hingibt, sondern auch weiß, worauf er zu achten hat, die Musik tiefer genießt, und so wie der Weinkenner Feinheiten erlebt, von denen der Weinmuffel keine Ahnung hat, so werden Sie mehr Genuss aus Parfums schöpfen, wenn Sie lernen, sie bewusst zu riechen.

Beratung

Eine erfahrene und einfühlsame Parfumberaterin kann Ihnen bei Ihrer Suche sehr behilflich sein. Sie registriert den Stil Ihrer Kleidung und Ihres Make-ups, sie informiert sich über Ihre bisherigen Dufterfahrungen und Vorlieben, und sie hilft Ihnen, Ihre Vorstellungen zu beschreiben. Und dann schlägt sie Ihnen, basierend auf ihrer Kenntnis der vorhandenen Parfums, vor, was Sie testen sollten.

Leider sind so erfahrene Beraterinnen selten. Vielleicht gibt es dort, wo Sie Ihre Parfums kaufen, gar keine Beratung. Zum Glück können Sie auch in Zeitschriften und in Büchern wie diesem Rat finden.

Zeitschriften informieren Sie nicht nur über neue Parfums, sie bringen manchmal auch Klassifizierungen von Frauentypen, mit Empfehlungen, welche Duftfamilien für welche Art Frau die besten sind: Sind Sie der sportliche Typ? Verwenden Sie dann Parfum X oder Y. Frische Düfte mit Citrusnoten sind am besten für extrovertierte Frauen, und so weiter. Um herauszufinden, welchem Frauentyp Sie angehören, gibt es dann oft einfache Fragebogen und Tests.

Solche Spielchen machen Spaß und können Ihnen Anregungen geben, welchen Duft Sie bei Ihrem nächsten Parfümeriebesuch einmal testen könnten; aber nehmen Sie weder die Tests noch die Empfehlungen allzu ernst. Sie spielen zu viele verschiedene Rollen in Ihrem Leben, und Sie sind als Mensch zu sehr voll Widersprüche, um irgendeinem einfachen Typ zu entsprechen. Und außerdem: Welcher Duft für Sie der Richtige ist, hängt nicht von Ihrem »Typ« ab, sondern von den ganz persönlichen Erwartungen, die Sie an Ihr Parfum stellen, von der Chemie Ihrer Haut und vor allem von Ihrem individuellen Geschmack. Kein simpler Test kann all diesen Faktoren gerecht werden.

Auch eine Parfumberaterin kann das nicht, und sei sie noch so erfahren. Lassen Sie sich beraten, wo immer sich die Gelegenheit bietet. Aber verwenden Sie die Empfehlungen nur als Tipps, welche Parfums sie testen sollten. Verwenden Sie niemals ein Parfum nur aufgrund einer Beratung. Der einzige Weg herauszufinden, wie ein Parfum auf Ihrer Haut wirkt, ist, es zu testen. Und der einzige Mensch, der sagen kann, wie Sie sich fühlen, wenn Sie das Parfum verwenden (und darauf kommt es an), sind Sie selbst!

Fühlen Sie sich mit einem bestimmten Parfum so richtig wohl, dann verwenden Sie es – ganz egal, was Ihre Beraterin, was dieses Buch und was die Zeitschriften meinen! Und wenn nicht, suchen Sie weiter!

Trends und Parfumwahl

In Ihrer persönlichen Parfumwahl können Sie sich ganz nach Belieben zu den Trends stellen. Sie können einen Duft wählen, der im Trend liegt oder einen, der dem Trend voraus ist. Sie können sich für einen Duft entscheiden, der außerhalb des Wechsels der Moden steht oder sogar für einen, der dem Trend von heute eindeutig nicht entspricht. Oder Sie können einfach die Düfte tragen, die Ihnen gefallen. Die Wahl liegt ganz bei Ihnen.

Bei der Suche nach einem Duft, der dem Trend entspricht, kann die Verkäuferin in der Parfümerie Sie gut beraten. Auch Frauen- und Modezeitschriften helfen hier auf den Weg.

Suchen Sie Trendsetter, die der Mode einen Schritt voraus sind, finden Sie diese zuallererst in den internationalen Modemetropolen New York und Los Angeles, Paris, London und Mailand. Sind internationale Reisen nicht Ihre Sache, suchen Sie in Ihrer näheren Umgebung die Parfümerie oder das große Kaufhaus, das die Neuigkeiten am schnellsten aufnimmt, unterhalten Sie sich mit einer erfahrenen Verkäuferin und lassen Sie sich über die neuesten Parfums und über die, die demnächst im Handel erscheinen werden, beraten. Natürlich ist nicht jedes neue Parfum ein Trendsetter. Manche Neuerscheinungen liegen voll im herrschenden Modetrend, andere sind moderne Klassiker, wieder andere setzen sich nicht durch und verschwinden bald wieder aus den Regalen. Parfums, die eine wirklich neue Richtung repräsentieren, sind selten. Doch das macht die Suche doppelt spannend.

Wollen Sie nicht mit der Mode mitlaufen, aber auch das Risiko eines allzu ausgefallenen Parfums vermeiden, sind Sie mit den etablierten oder den neuen Klassikern am besten beraten. Dies sind die Parfums für alle Fälle, die Parfums, die von gutem Geschmack zeugen. Auch wenn Sie ein Parfum für eine Frau kaufen, deren Geschmack Sie nicht genau kennen, sind die Klassiker die sicherste Wahl. Die Duftbeschreibungen im nächsten Kapitel helfen Ihnen, sie zu finden.

Sind Sie zu sehr Individualist, um die Modeparfums oder die Klassiker zu tragen? Dann gehen Sie in eine möglichst reich sortierte Parfümerie und suchen Sie die Parfums, von denen es nur ganz wenige Fläschchen gibt, vielleicht in einer Ecke versteckt. Sie werden entdecken, dass manche dieser Parfums eigenwillige Noten haben, die gar nicht der aktuellen Mode entsprechen. Wenn Sie darunter einen Duft finden, der Sie anspricht, herzlichen Glückwunsch! Dann haben Sie ein Parfum entdeckt, das Ihren persönlichen Geschmack ganz individuell zum Ausdruck bringt.

> *Die Lilie macht mit*
> *ihrem schweren Atem*
> *Den weißen Raum*
> *zum dumpfen Regenwald.*
> *Aus Wänden treten*
> *klebrig Balsamtropfen.*
> *Und reglos stehen*
> *Luft und Zeit und Sinne.*

Gehören Sie zu den selten gewordenen Frauen, die einen bestimmten Duft als ihr Parfum adoptiert haben und ihm über Jahre oder Jahrzehnte treu bleiben? Dann kann es passieren, dass Ihre Treue Ihnen große Mühe abverlangt, denn viele Parfums sind im Lauf der Jahre immer schwieriger zu finden. Vielleicht müssen Sie sogar die traurige Erfahrung machen, dass Ihr geliebtes Parfum gar nicht mehr erhältlich ist oder dass es sich sehr geändert hat. Dann müssen Sie schweren Herzens auf die Suche nach einem neuen Lieblingsduft gehen. Dabei kann Ihnen neben Ihrer Beraterin in der Parfümerie vor allem auch die Landkarte der Parfums in diesem Buch helfen.

Wie auch immer Ihre Einstellung zu den Dufttrends sein mag, die Suche nach einem neuen Parfum, das Ihren Wunschträumen voll entspricht, ist ein genussvolles Abenteuer. Dieses und das nächste Kapitel sollen Sie hierbei helfend begleiten.

Parfum und die Chemie Ihrer Haut

Es ist eine Binsenweisheit, dass keine zwei Menschen völlig gleich sind. Weniger allgemein bekannt ist aber, dass die Einzigartigkeit jedes Menschen auch in der Chemie der Hautoberfläche zum Ausdruck kommt.

Wenn wir die Hautoberfläche genau betrachten, zeigt sie sich als ein sehr komplexes Gebilde. Da gibt es die Zellen der obersten Hautschicht, der sogenannten Hornschicht, und die Kittsubstanz, die diese Zellen zusammenhält. Diese Zellen werden von einer feinen Fettschicht abgedeckt, die auch Spuren von Schweiß enthält. Ferner ist die Oberfläche immer und überall von einer Fülle von Mikroorganismen besiedelt.

Die Haut ist lebendes Gewebe und es finden in ihr vielfältige Prozesse statt. Zellen werden in den tieferen Schichten gebildet und bewegen sich zur Oberfläche hin, wo sie schließlich abgerieben werden. Wasserdampf tritt von der Tiefe an die Oberfläche und dann in die Luft, die die Haut umgibt. Drüsen unterschiedlicher Art produzieren ständig Hautfett und Schweiß, und die Mikroorganismen der Hautoberfläche haben einen sehr regen Stoffwechsel. All diese Aktivitäten finden in der Hauttemperatur, im Säuremantel, im Wassergehalt und in zahllosen anderen Eigenschaften der Haut ihren Ausdruck.

Alle diese Strukturen und Prozesse sind nicht nur von Mensch zu Mensch unterschiedlich, sondern sogar bei verschiedenen Hautpartien der gleichen Person; besonders ausgeprägt ist hier der Unterschied zwischen behaarten und unbehaarten Körperstellen. Darüber hinaus gibt es bei jeder Person und an jeder Körperstelle Schwankungen, die von der Tageszeit, vom Gesundheitszustand und der nervlichen Verfassung abhängen, von der Häufigkeit des Waschens und den Mitteln, die man dabei verwendet und auch von der Umgebung, in der sich die Haut befindet: Ist sie durch Kleidung bedeckt oder liegt sie frei? Wie ist die Temperatur, die Luftfeuchtigkeit, die Windgeschwindigkeit, die Sonneneinstrahlung?

Die Hautoberfläche ist also kein einheitliches Gewebe und bei allen Menschen gleich, sondern individuell unterschiedlich und unterliegt allerlei Schwankungen. Und alles, was an der Hautoberfläche passiert, beeinflusst den Duft des Parfums auf Ihrer Haut.

Dies hängt zum Teil mit dem Prozess der Verdunstung zusammen. Man riecht einen Stoff, auch ein Parfum, nur dann, wenn seine Moleküle (also unsichtbar kleine Teilchen des Parfums) in die Nase gelangen und mit den Geruchsrezeptoren, die sich dort befinden, in Berührung kommen. Das bedeutet also, dass man Ihr Parfum nur insofern riechen kann, als es von Ihrer Hautoberfläche verdunstet. Verdunstet es sehr schnell, dann kann der Duft kräftig sein, aber er ist von kurzer Dauer. Der Parfümeur sagt: Das Parfum hat wenig Haftung. Verdunstet es zu langsam, dann entfaltet es sich nicht richtig, weil zu wenig Moleküle in die Luft und in die Nase gelangen.

Nun hängt die Geschwindigkeit der Verdunstung einerseits vom Parfum selbst, andererseits aber auch von der Hautstruktur und von den Prozessen, die im Hautgewebe stattfinden, ab: von der Beschaffenheit der Hautproteine und der Hautfettschicht, von der Intensität des Wasserdampfstromes und der Hauttemperatur und auch von der Behaarung, um nur die wichtigsten Faktoren zu nennen.

Alles das wird noch komplizierter, da ein Parfum aus vielen verschiedenen Substanzen besteht, die sich auf der Hautoberfläche unterschiedlich verhalten. Das ist ein Grund, warum ein bestimmtes Parfum nicht nur bei einer Frau besser haftet als bei einer anderen, sondern auch bei jeder Trägerin einen anderen Duftcharakter zeigt.

An der Hautoberfläche finden ständig chemische Prozesse statt. Stoffe, die sich dort befinden, werden verändert und abgebaut. Das geschieht zum Teil durch den Säuremantel, zum Teil durch die Berührung mit der Luft, aber vor allem durch die Mikroorganismen der Haut und ihre Enzyme.[1] Auch Duftstoffe können so abgebaut werden und dann ändert sich ihr Duft. Weil die chemischen Prozesse an der Hautoberfläche von einer Person zur anderen und auch von einer Hautpartie zur anderen unterschiedlich sind, tragen sie ebenfalls zu den individuellen Unterschieden in der Wirkung eines Parfums bei.

Vielleicht fragen Sie sich jetzt: Wenn wirklich so viele Faktoren den Duft eines Parfums auf der Haut beeinflussen und diese von Person zu Person verschieden sind, wie kann dann ein Parfum überhaupt noch erkennbar sein, wenn verschiedene Frauen es verwenden? Tatsächlich darf man sich die individuellen Unterschiede, von denen hier die Rede ist, nicht allzu gewaltig vorstellen, aber sie existieren. Sie bewirken zwar nicht, dass ein bestimmtes Parfum von Haut zu Haut vollkommen anders riecht, aber es gibt doch Unterschiede, die im Verlauf der Zeit nach dem Auftragen immer deutlicher zu Tage kommen. Das eine Parfum wirkt an Ihrer Freundin frischer als an Ihnen und haftet auch besser, bei einem anderen ist es gerade umgekehrt. Die Parfums, die für Sie besonders geeignet sind, kommen auf Ihrer Haut besonders gut zur Geltung.

Früher wurde oft behauptet, dass bestimmte Parfums sich besonders gut für schwarzhaarige Frauen eignen, andere für blonde und wieder andere für rothaarige.[2] Diese Ansicht ist heute umstritten. Sie hat aber eine gewisse Basis in der Tatsache, dass es Zusammenhänge zwischen der Haarfarbe und der Beschaffenheit der Hautoberfläche gibt: Schwarzhaarige Frauen haben zum Beispiel häufiger eine fettige, rotblonde häufiger eine dünne und trockene Haut. Bei Befragungen hat sich wiederholt ergeben, dass viele Leute intuitiv schwere, »orientalische« Parfums vor allem mit dunkelhaarigen und leichte mit blonden Frauen assoziieren. Aber daraus sollte man auf keinen Fall eiserne Regeln ableiten.

Allergien

Ein Problem darf im Zusammenhang mit der Hautchemie nicht unerwähnt bleiben: Allergien. Die echte Allergie macht sich normalerweise als eine Rötung der Haut, die von starkem Juckreiz begleitet ist, bemerkbar. Wenn diese Symptome beim Testen eines neuen Parfums auftreten, verwenden Sie dieses Parfum niemals wieder! Vermeiden Sie auch alle übrigen Produkte aus der gleichen Duftserie, etwa das Duschgel oder die Körperlotion.

Normalerweise klingen die Beschwerden von allein schnell ab; wenn nicht, müssen Sie Ihren Hautarzt aufsuchen. In ganz seltenen Fällen können allergische Symptome bei einem Parfum auftreten, das Sie früher ohne Probleme benutzt haben; das kann verschiedene Ursachen haben, die zumeist schwer zu ergründen sind. Jedenfalls sollten Sie auch in solchen Fällen das Parfum künftig meiden.

Zum Glück sind Parfumallergien selten. Das ist aber nicht reiner Zufall, sondern es rührt daher, dass die Riechstoffindustrie gelernt hat, welche Duftstoffe dazu neigen, Allergien auszulösen, und diese Stoffe nicht mehr einsetzt. Um möglichst hohe Sicherheit zu schaffen, betreibt und finanziert die Industrie Forschungsinstitute, die sich mit Fragen der Gesundheitsverträglichkeit von Duftstoffen befassen. Da aber Allergien höchst individuell sind, lassen sie sich niemals mit absoluter Sicherheit ausschließen.

Frauen haben mir erzählt, sie seien auf ein bestimmtes Parfum oder auch auf alle Parfums allergisch: Sie bekommen Kopfschmerzen, wenn sie sie verwenden. Das ist keine Allergie im medizinischen Sinn. Wahrscheinlich ist der Ursprung dieser Reaktion meistens seelisch: Sie lehnen den Duft ab, sie fühlen sich nicht wohl damit. Manchmal stört ein Duft eine Frau nicht, wenn andere ihn tragen, aber sie bekommt Kopfschmerzen, wenn sie ihn selbst trägt.

Hier gibt es, wie bei den echten Allergien, nur eines: das Parfum nicht mehr verwenden! Meiden Sie jedes Parfum, das Ihnen, aus welchem Grund auch immer und auf welche Weise auch immer, Unbehagen bereitet.

Es wird manchmal behauptet, dass man Parfums meiden sollte, wenn man in die Sonne geht. Diese Warnung war früher einmal berechtigt, denn bestimmte Parfumbestandteile können bei Sonnenbestrahlung dunkle Flecken auf der Haut hervorrufen. Man hat diese Bestandteile aber schon vor vielen Jahren erkannt, und kein namhafter Parfumhersteller setzt sie heute noch ein. Deshalb können Sie alle Markenparfums ohne Bedenken auch im Sommer tragen. Allerdings rate ich Ihnen ab, sich vor einem Sonnenbad und vor sportlicher Tätigkeit in der prallen Sonne überhaupt zu parfümieren, denn die intensive Sonnenbestrahlung ist eine schwere Belastung für Ihre Haut. Die Parfums in allen guten Lichtschutzmitteln sind selbstverständlich getestet worden.

Ich möchte Sie auch vor der Verwendung von selbstgemachten Parfums aus Ölen und Extrakten, die Sie in der Drogerie oder Apotheke gekauft haben, warnen. Diese Ingredienzien wurden nicht speziell für die Verwendung in Parfums entwickelt; und die Parfumhersteller beachten Vorsichtsmaßnahmen und Einschränkungen, die Sie nicht kennen können.

Das Parfum und der Duft Ihrer Haut

Unterschiede in der Chemie der Hautoberfläche bewirken auch Unterschiede im natürlichen Duft der Haut. Wir kennen alle den charakteristischen Duft der verschiedenen Körperpartien, der Achsel, der Füße, der Kopfhaut – nicht nur, wenn dieser »Duft« bei mangelhafter Sauberkeit aufdringlich und unangenehm wird, sondern auch am gepflegten, sauberen Körper.

So wie es von der einen Person zur anderen Unterschiede in der Hautchemie gibt, so existieren auch Unterschiede im Körpergeruch. Da der Duft des Körpers vorwiegend durch die Einwirkung von Mikroorganismen auf Stoffe an der Hautoberfläche zustande kommt, spielen die individuellen Unterschiede in der Ansiedlung von Mikroorganismen hierbei eine entscheidende Rolle.

Es hat immer schon Berichte gegeben über Menschen, Blinde und Sehende, die ihre Freunde und Verwandten am Körperduft erkennen konnten und über Waschfrauen, die im Stande waren, die Wäsche verschiedener Personen nach dem Duft zu sortieren. Bis vor kurzem waren dies immer nur Anekdoten, die sich nicht beweisen ließen. Neuerdings haben aber Psychologen in mehreren Ländern Versuche durchgeführt, in denen sie wissenschaftlich nachweisen konnten, dass man Menschen tatsächlich an ihrem Duft erkennen kann. Ganz normale, im Riechen ungeschulte Männer und Frauen konnten aus einer Gruppe von Unterhemden die Hemden herausriechen, die sie selbst oder ihre Partner und Partnerinnen getragen hatten – lange nicht unfehlbar, aber doch mit statistischer Signifikanz.[3] Kinder im Alter von zwei bis acht Jahren konnten ihre Mütter und ihre Geschwister am Geruch ihrer Kleidung herausfinden. Sogar Neugeborene erkennen die Brust der Mutter am Geruch und lehnen eine fremde Brust zunächst ab.[4]

Es ist bemerkenswert, dass wir diese Fähigkeiten haben, ohne dass wir uns normalerweise überhaupt bewusst sind, den Körperduft anderer Menschen wahrzunehmen. Ausdrücke wie »ich kann ihn nicht riechen« und »er steht in schlechtem Geruch« stammen aus einer Zeit, als die Hygiene nicht so ausgeprägt war wie heute und der Geruch eines Menschen klarer wahrnehmbar war. Aber die Ergebnisse der psychologischen Forschung weisen darauf hin, dass wir auf den Duft des Körpers auch heute noch stärker ansprechen, als wir meinen.

Die große Mehrzahl der Parfums enthält Duftstoffe, die eine Verwandtschaft mit dem menschlichen Körpergeruch haben. Es gibt viele solche Stoffe, und sie sind in den verschiedenen Parfums in sehr unterschiedlichen Mengen vorhanden. Deshalb haben die Parfums, auch in Bezug auf ihre körperduftähnlichen Bestandteile, unterschiedliche Duftprofile.

Wenn es nun sowohl bei den Menschen wie bei den Parfums eine Vielfalt von »Körperduftprofilen« gibt, dann passt auch in dieser Hinsicht ein bestimmtes Parfum mehr oder weniger gut zu einem bestimmten Menschen. Wir nehmen dieses Passen oder Nichtpassen nicht bewusst war, wir können es nicht begründen, aber ich meine, dass es trotzdem eine wichtige Rolle spielt im intuitiven Gefühl, das manche, aber lange nicht alle Parfums in uns wecken: Dieses Parfum passt zu mir, ich fühle mich wohl damit. Mit einem Parfum, das Ihnen durch seine Körperduftkomponenten auf eine unbestimmte Weise fremd vorkommt, fühlen Sie sich nicht wohl.

Die Kunst des Schnupperns

Die meisten Menschen testen Parfums an dem Ort, der sich dazu vielleicht am wenigsten eignet: in der Parfümerie. Um ein Parfum zu beurteilen, brauchen Sie vier Bedingungen: eine ruhige Umgebung, eine duftfreie Atmosphäre, einen entspannten Geist, und reichlich Zeit. In der Hektik des Einkaufstrubels und in der duftgeschwängerten Luft der Parfümerie ist keine dieser Bedingungen erfüllt.

Deshalb rate ich Ihnen, von einem Parfum, das Sie interessiert, ein Pröbchen mit nach Hause zu nehmen. Testen Sie es dort, abends, wenn es ruhig ist und Sie entspannt sind. Wollen Sie beim Einkaufen unbedingt zu einem Entschluss kommen, ziehen Sie sich eine Weile in eine stille Ecke zurück, trinken Sie eine Tasse Kaffee, und beobachten Sie den Duft auf Ihrer Haut bevor Sie sich entscheiden. Ein Parfumkauf ist eine wichtige Entscheidung, nicht nur wegen der Kosten, sondern vor allem weil das Parfum, für das Sie sich entscheiden, viele Tage und Wochen lang Ihre persönliche Aura und die Atmosphäre, in der Sie leben, bestimmen wird.

Bevor Sie zu schnuppern anfangen, ein paar Tipps, die Ihnen vielleicht simpel und selbstverständlich vorkommen werden, aber trotzdem nützlich sind. Es sind die gleichen Regeln, die ich auch angehenden Parfümeuren in ihrer ersten Lektion gebe.

Tipps für richtiges Schnuppern

- Versichern Sie sich, dass Sie wissen, was Sie riechen! Wenn Sie mehrere Parfums gleichzeitig testen, notieren Sie, welches Parfum Sie an welcher Hautstelle aufgetragen haben; dann gibt es später keine Verwechslungen.

- Achten Sie auch darauf, welche Art des Duftes Sie verwendet haben: Das *Extrait*, das *Eau de Parfum*, das *Eau de Toilette*? Die verschiedenen Arten unterscheiden sich in der Intensität und in der Haftung, manchmal sogar im Duftcharakter.

- Achten Sie nicht nur auf den Namen des Parfumhauses (Chanel, Jil Sander usw.), sondern auch auf den spezifischen Namen oder die Nummer des Parfums. Gerade in den letzten Jahren sind einige Parfumhäuser dazu übergegangen, die Unterscheidungsmerkmale zwischen ihren verschiedenen Düften (zum Beispiel I, II oder III oder den spezifischen Namen der Duftnote) ganz versteckt am Tester oder auf der Packung anzubringen; bei einigen ist die Identität des Parfums fast nur an der Farbe der Packung zu erkennen. Da kann es, wenn man nicht genau aufpasst, leicht zu Verwechslungen kommen!

- Vergewissern Sie sich, bevor Sie das Parfum auf die Haut auftragen, dass an der Stelle nicht schon ein anderer Duft vorhanden ist: nicht der Duft Ihres Parfums und nicht der Ihrer Seife oder Creme. Sie wollen schließlich den neuen Duft beurteilen und nicht ein Potpourri.

- Nehmen Sie sich Zeit. Sie wissen, dass Sie warten müssen, bis der Alkohol verdunstet ist, aber das reicht nicht. Parfums entfalten sich auf der Haut ganz allmählich. Deshalb unterscheidet man zwischen der *Kopfnote*, die den Charakter in den ersten Minuten nach dem Auftragen bestimmt, der *Herznote*, die anschließend immer stärker hervortritt und der *Basisnote* (auch *Nachgeruch* genannt), die am Ende zurückbleibt. Ein Duft, den Sie anfänglich wunderbar finden, entwickelt vielleicht im Nachgeruch eine Note, die Ihnen nicht so gefällt; oder umgekehrt kann sich ein Duft, der Sie beim ersten Schnuppern nicht begeistert, später traumhaft schön entfalten.

- Sehen Sie sich beim Beurteilen der Haftung vor! Wie Sie wissen, ermüdet die Nase schnell. Wenn Sie den Eindruck haben, dass der Duft schnell schwächer wird, kann es an der Erschöpfung Ihrer Nase liegen. Strapazieren Sie sie deshalb nicht zu sehr mit Versuchen, lange hintereinander zu riechen. Schnuppern Sie kurz und schenken Sie Ihrer Nase immer wieder Ruhe.

- Versuchen Sie vor allem, mit voller Aufmerksamkeit zu schnuppern. Schließen Sie die Augen, vertreiben Sie alle anderen Gedanken, richten Sie Ihren Geist auf den Duft mit der stillen Konzentration eines Blinden, der eine Plastik abtastet und fragen Sie sich: Wie empfinde ich diesen Duft? Woran erinnert er mich? Ist er warm oder kühl, leicht oder schwer, vertraut oder ungewöhnlich, blumig oder pudrig, weich oder hart? Auch die Fragen aus meinem Duftseminar (siehe Seite 48f.) sind sehr hilfreich.

- Im alten Japan gab es unter den Adeligen ein zeremonielles Spiel, »Kodo«, bei dem es darum ging, an dem Duft eines schwelenden Holzstäbchens die Art des Holzes zu erkennen. Das war sehr schwierig, denn es gab Dutzende unterschiedlicher Holzarten. Man sagte dabei nicht, dass man den Duft »roch«, man »lauschte« ihm. Man sagte »Monko«: »mon« bedeuten lauschen, »ko« Duft. Ein japanischer Kollege erklärte mir, dass das Wort »mon« hier besagt, dass man den Duft nicht passiv hörend über sich ergehen lässt, sondern sich aktiv lauschend aufmerksam mit ihm befasst.[5] Diese Fähigkeit, sich denkend und fühlend mit einem Duft auseinanderzusetzen, ist eine wesentliche Voraussetzung für die Arbeit des Parfümeurs. Mit ein wenig Geduld und Interesse können auch Sie diese Fähigkeit erwerben. Das ist der allerwichtigste Schritt auf Ihrem Weg zur Duftkennerschaft. Wenn Sie sich so, liebevoll lauschend, mit einem Duft vertraut gemacht haben, können Sie keinen Zweifel mehr haben, ob dieser Duft Sie persönlich anspricht und fesselt.

- Sollten Sie einen Duft, der Ihnen nicht auf Anhieb gefällt, ablehnen? Je nachdem. Sind Sie unsicher, weil er so ungewöhnlich ist, dann sollten Sie ihm und sich selbst eine zweite Chance gönnen. Edmond Roudnitska, der Meisterparfümeur, der *Femme, Diorissimo* und *Eau Sauvage* kreiert hat, sagte einmal, dass man ein großes Parfum an dem fast körperlichen »Schock« erkennt, den man empfindet, wenn man es zuerst riecht.[6] Ich habe diesen Schock auch manchmal gespürt, auch bei Roudnitskas Parfums, und ich rate Ihnen: Lassen Sie sich vom Schock des radikal Neuen nicht abschrecken. Geben Sie sich die Chance, ihn abklingen zu lassen – vielleicht wird es dann Ihr Lieblingsparfum!

- Wenn Sie aber in einem Parfum etwas finden, das Sie wirklich stört und das Sie beschreiben können, vielleicht eine metallische Note, oder eine, die Sie an eine Speise oder an eine Person, die Sie nicht mögen, erinnert, oder wenn Sie sich beim Schnuppern einfach nicht ganz wohl fühlen – dann legen Sie es beiseite mit dem Entschluss, es niemals zu verwenden. Denn solche Irritationen, auch wenn sie anfangs nur schwach sind, werden Ihnen, je länger Sie den Duft tragen, immer mehr die Freude verderben. Zum Glück gibt es ja so viele andere …

- Damit sind wir wieder zurück in der Parfümerie. Leider gibt es lange nicht von allen Parfums Pröbchen zum Mitnehmen. Notfalls können Sie sich das Parfum auch aufsprühen lassen und es dann in Ruhe anriechen, wenn Sie zu Hause sind. Aber notieren Sie, wie gesagt, welches Parfum Ihnen an welcher Stelle aufgesprüht wurde.

- Sie können auch ein Musterkärtchen, ein Tüchlein oder eine Feder, die mit dem Duft besprüht wurde, mitnehmen. Natürlich entwickelt es sich darauf nicht so, wie auf Ihrer Haut, aber auch ein Kärtchen gibt Ihnen einen Eindruck des Duftes. Ist es nicht mit dem Namen des Parfums bedruckt, so bitten Sie die Verkäuferin, ihn darauf zu schreiben, so dass Sie auch später noch wissen, was Sie da riechen. In einem Umschlag bewahrt ein Kärtchen den Duft länger. Aber stecken Sie nicht mehr als ein Duftkärtchen in einen Umschlag oder in Ihre Handtasche, sonst haben Sie bald nur noch ein Potpourri.

- Testen Sie niemals mehr als zwei oder drei Parfums in einer »Sitzung«. Wenn man an die große Zahl der Düfte denkt, aus der Sie wählen können, klingt dieser Rat vielleicht merkwürdig. Beim Wählen einer Farbe aus Dutzenden Lippenstiften würde es Ihnen niemals einfallen, sich zunächst nur auf zwei oder drei zu beschränken. Aber Ihre Nase ist nicht wie Ihr Auge; sie kann nicht in einem kurzen Augenblick eine Reihe von Düften mustern. Und Parfums sind nicht wie Lippenstifte; man kann ihnen nicht mit einem ersten Eindruck gerecht werden.

Die Freuden des Schnupperns

Wenn Sie sich die schillernde Welt der Düfte erschließen wollen, beschränken Sie Ihre Schnupperpartien nicht nur auf die Momente, in denen Sie beabsichtigen, ein neues Parfum zu kaufen. Gewöhnen Sie sich an, Parfums zu testen, wann immer sich eine Gelegenheit bietet. Nehmen Sie sich beim Einkaufsbummel im Kaufhaus ein paar Minuten Zeit für die Parfümerieabteilung und sprühen Sie sich ein oder zwei Parfums, die Sie noch nicht kennen, aufs innere Handgelenk oder in die Armbeuge. Lassen Sie dabei die Herrenduftabteilung nicht immer links liegen, denn auch Herrendüfte können auf Ihrer Haut wunderbar wirken. Bei internationalen Flügen lohnt sich eine Schnuppervisite in die Parfumabteilung des Duty Free Shop immer. Tragen Sie den einen oder anderen Duft auf und warten Sie, bis er sich entfaltet, im Flugzeug haben Sie alle Zeit, sich in Ruhe damit zu befassen.

Nicht nur in Parfümerien gibt es Düfte zu entdecken. Das Badezimmer Ihrer Freundin kann auch eine Fundgrube sein. Andy Warhol, der Düfte liebte, hat gestanden, dass er sich nie verkneifen konnte, ein neues Duftwasser, das er im Badezimmer seiner Gastgeber fand, gleich zu testen. Er ging sogar speziell dorthin in der Hoffnung auf Entdeckungen.

Allmählich lernen Sie, bewusst und fragend zu schnuppern, nach einiger Zeit fällt Ihnen das ganz leicht. Es wird Ihnen immer klarer, was Sie in einem Duft suchen und was Sie ablehnen. Immer wieder schnuppern und dabei Ihre Wahrnehmung und Ihr Urteilsvermögen schärfen: Das ist tatsächlich der einzige Weg, Parfums verstehen und gute von weniger guten unterscheiden zu lernen.

Allmählich werden Ihnen immer mehr Parfums vertraut. Die Vielfalt in den Regalen verwirrt Sie nicht mehr. Sie sind Parfumkenner geworden.

So können Sie ein Parfum erforschen
(Aus: J. Stephan Jellinek, Duftseminar)

Riechen Sie bitte an dem betreffenden Duft – nicht zu lange, aber mit voller Konzentration. Versuchen Sie dann, die folgenden Fragen zu beantworten – ganz spontan, ohne lange zu überlegen! Wenn Ihnen zu einer Frage nichts einfällt, überschlagen Sie sie!

Wenn dieser Duft eine Farbe wäre, was wäre das für eine Farbe?
(zum Beispiel hell, dunkel, pastell, kräftig? Welche Farbe? Mehrere Farben? ...)

Wenn dieser Duft eine Form hätte, wie sähe er aus?
(zum Beispiel groß, klein, eckig, rund, spitz, feingliedrig oder massig...)

Wenn Sie diesen Duft fühlen könnten, wie würde er sich anfühlen?
(zum Beispiel weich, hart, warm, kühl, rauh, glatt, wie Seide, wie Pelz, wie ein Diamant...)

Können Sie sich zu diesem Duft einen Ort, eine Szene, ein Bild vorstellen?
(zum Beispiel Sonnenuntergang am Meer, eine Disko, ein tropischer Garten, ein Golfplatz...)

Können Sie sich zu diesem Duft eine bestimmte Art von Kleidung vorstellen?
(zum Beispiel Jeans, ein duftiges Sommerkleid, Tennisdress, ein prachtvolles weißes Abendkleid, eine sexy Bluse...)

Können Sie sich zu diesem Duft eine Frau vorstellen?
(zum Beispiel sehr jung, romantisch, ein herber Typ, ein verwöhntes Luxuspüppchen, ein Mannequin...)

Würden Sie diesen Duft tragen? Wenn ja, zu welchen Anlässen, Kleidern, Stimmungen, Jahreszeiten?

Die goldenen Regeln der Parfumwahl

Der Inhalt dieses Kapitels lässt sich in den vier goldenen Regeln der Parfumwahl zusammenfassen.

1 Nutzen Sie jede Gelegenheit, neue Parfums zu entdecken! Schnuppern als Hobby und Leidenschaft ist der beste, ja, der einzige Weg, sich die Schätze der Welt der Düfte zu erschließen.

2 Welche Duftrichtungen passen zu Ihnen? Darüber entscheidet nur Ihr eigenes Empfinden!
Natürlich schadet es nicht, über Parfums zu lesen, einen amüsanten Test zu versuchen und sich beraten zu lassen. Aber was immer Sie lesen und was immer man Ihnen rät, schließlich kommt es auf *Ihre* Erwartungen, *Ihren* Stil und *Ihren* persönlichen Geschmack an. Und den kennt keiner so gut wie Sie!

Hier gibt es allerdings eine Einschränkung, die wohl selbstverständlich ist. Wie sehr Sie ein Parfum auch mögen, wenn Ihr Partner oder die Mitarbeiterin im Büro sich von dem Duft gestört fühlen, tragen Sie es nicht in ihrer Umgebung.

Weil es auch auf die Chemie und den Duft Ihrer Haut ankommt, lautet die dritte Regel:

3 Ist es das richtige Parfum für Sie? Nur die Probe auf der Haut sagt es Ihnen!

4 Machen Sie keine Kompromisse. Verwenden Sie nie ein Parfum, mit dem Sie sich nicht vollkommen wohl fühlen!
- Denn Ihr Parfum ist Ihre zweite Haut und es ist die Luft, die Sie atmen. Sie müssen sich mit der Atmosphäre, mit der Sie sich umgeben, eins fühlen.

- Ein Parfum, mit dem Sie sich nicht wohl fühlen, beeinträchtigt auch Ihre Ausstrahlung. Nicht nur, weil Sie, wenn Sie es benutzen, ein wenig Selbstsicherheit aufgeben, sondern auch, weil es Ihre persönliche Aura durcheinander bringt.
- Verwenden Sie ein solches Parfum auch dann nicht, wenn es hochaktuell ist. Sie tragen auch nicht ein modisches Kleid, das Ihnen nicht steht.
- Verwenden Sie es auch dann nicht, wenn ein Mann, der Ihnen wichtig ist, es Ihnen geschenkt hat. Sie tun weder ihm noch sich selbst einen Gefallen, wenn Sie um seinetwillen einen Duft verwenden, der Ihr Stilgefühl verletzt und nicht mit der Chemie Ihrer Haut im Einklang ist.
- Tragen Sie es auch dann nicht, wenn Sie noch eine fast volle Flasche zu Hause stehen haben – und wenn es noch so teuer war. Schenken Sie es lieber einer Freundin, die es gut tragen kann, dann sind Sie beide glücklicher.

Parfum als Geschenk

Die Regeln zur Parfumwahl machen das Wählen eines Geschenkparfums für eine Frau zu einer riskanten Angelegenheit. Der sicherste Weg, Enttäuschungen zu vermeiden, ist auch der einfachste: Schenken Sie einer Frau nur ein Parfum, das sie schon mit Freude verwendet oder getestet hat!

Eine charmante Alternative wäre, zusammen mit ihr einen Dufteinkaufsbummel zu machen. Dafür braucht man Geduld, doch wenn Sie diese aufbringen, kann es für Sie beide ein besonderes Erlebnis sein.

Wollen Sie trotzdem experimentieren, so kann Ihnen der Duftberater im folgenden Kapitel behilflich sein. Um Enttäuschungen zu vermeiden, rate ich Ihnen aber: Lassen Sie sich von dem Duft ein Pröbchen oder ein versiegeltes Probekärtchen mitgeben, das die Empfängerin ausprobieren kann, bevor sie den Flakon auspackt und anbricht; und bestehen Sie auf ein Umtauschrecht für den Fall des Nichtgefallens der Probe. Denn Sie wollen Ihrer Dame ja schließlich eine Freude bereiten und sie nicht mit einem Geschenk beehren, das unbenutzt ihren Toilettetisch ziert.

Die Landkarte der Parfums

Der Duftberater als Orientierungshilfe

Wollen Sie eine Reise in ein fremdes Land unternehmen, so legen Sie sich zunächst einen Plan zurecht. Sie lesen ein wenig über Land und Leute, Sie entscheiden, welche Regionen Sie besonders interessieren und welche Orte Sie unbedingt sehen wollen. Dann legen Sie Ihre Reiseroute fest, oder Sie wählen zumindest einen Ausgangspunkt für Ihre Entdeckungsfahrten. Das alles geht natürlich nicht ohne Landkarte.

Wäre es nicht schön, wenn es auch für die bunte Welt der Düfte eine Landkarte gäbe, nach der Sie Ihre Entdeckungsreisen planen können? Genau das gibt es jetzt! Sie finden die Landkarte der Parfums auf Seite 59ff. in diesem Buch. Schlagen Sie diese bitte auf, wir wollen sie uns erst einmal ansehen, um einen Überblick zu gewinnen.

Zunächst springen Ihnen die vielen Parfumnamen ins Auge, die hier eingetragen sind wie die Städte und Dörfer auf einer geographischen Landkarte. Das sieht wie ein wirres Durcheinander aus, doch es beruht auf einer klaren Logik. Denn die Position jedes einzelnen Parfums sagt etwas aus über seinen Duftcharakter, und die Ähnlichkeit der Parfums untereinander wird auf der Landkarte durch die Entfernungen aufgezeigt. Parfums, die einander ähnlich sind, liegen auch nahe beieinander.

Wie auf jeder Landkarte gibt es auch hier die vier Himmelsrichtungen, nach denen alles ausgerichtet ist. Sie zeigen den Grundcharakter der Düfte.

Oben, im »Norden« liegen die kühlen, frischen Düfte, die sich eher für den Sommer als für den Winter eignen, eher für den Tag als für den Abend; unten, im »Süden«, die warmen, sinnlichen Kreationen, die Abend- und Winterparfums. Im allgemeinen haften die Düfte, die »oben« liegen, weniger lange auf der Haut als die »unten«, aber es gibt Ausnahmen. Links liegen die romantisch-femininen Düfte, bei denen das blumige Element deutlich vorherrscht; rechts die Düfte, die weniger blumig sind, eher das Selbstbewusst-Lebenstüchtige der Verwenderin zum Ausdruck bringen und sich auch besonders für Sport oder Büro eignen. Die Düfte in den Randfeldern sind, bei allem Facettenreichtum, den das moderne Parfum grundsätzlich zu eigen hat, eher eindeutig in ihrem Charakter. Zur Mitte der Karte hin leben die Kreationen mehr aus ihren Kontrasten.

Wie alle Landkarten ist der Duftberater zur besseren Orientierung durch ein Raster aufgeteilt. Es gibt hier 16 Felder, von A1 links oben bis D4 rechts unten. Auf Seite 60 bis 63 finden Sie jeweils vier dieser Felder vergrößert dargestellt und auf Seite 64 bis 72 ein alphabetisches Register, das Ihnen sagt, in welchem Feld und unter welcher Bezeichnung Sie jedes der Parfums, das in die Landkarte aufgenommen wurde, finden können.

Nach unserem ersten Orientierungsbummel ist es an der Zeit, spezifische Parfums in der Landkarte zu suchen. Es liegt nahe, mit Ihrem Lieblingsparfum anzufangen. Sind es mehrere, so kann es gut sein, dass sie in der gleichen Region der Landkarte liegen. Da bietet sich sogleich ein vielversprechendes Experiment an: Lassen Sie sich bei Ihrem nächsten Besuch in einer gutsortierten Parfümerie einige Parfums zeigen, die in der Nähe Ihres oder Ihrer bevorzugten Parfums liegen – dann haben Sie gute Aussichten auf schöne Entdeckungen!

Oder wagen Sie einmal ein kleines Abenteuer: Liegen die Düfte, die Sie heute verwenden, alle in einer bestimmten Region, so versuchen Sie doch einmal einen Duft in einer ganz anderen Region. Damit können Sie vielleicht in eine neue Haut schlüpfen und sich durch den ungewohnten Duft ganz neu erfahren!

Die wissenschaftliche Basis der Landkarte

So einfach die Landkarte scheint, ist sie dennoch das Ergebnis jahrelanger Forschung. In einer Reihe von Tests war mir aufgefallen, dass bei der Beurteilung von Parfums immer einige wenige Merkmale wirklich ausschlaggebend waren. Um der Sache auf den Grund zu gehen, führte ich in Zusammenarbeit mit der wirtschaftspsychologischen Abteilung der Universität München eine großangelegte Studie durch, in der zehn sehr unterschiedliche aktuelle Parfums von 600 Parfumverwenderinnen frei beschrieben wurden.[1] Die Beschreibungen wurden einer statistischen Analyse unterworfen. Dabei kamen zwei Hauptmerkmale zu Tage, in denen sich die getesteten Parfums im Empfinden der Teilnehmerinnen am deutlichsten unterschieden. Das eine hing mit der Blumigkeit der Parfums zusammen, das andere mit ihrer Frische. Auf diesen beiden Merkmalen beruhen auch die Himmelsrichtungen der Landkarte.

Diese Himmelsrichtungen entsprechen auch dem Geruchswirkungsschema, welches mein Vater in langjährigem Studium der Psychologie des Parfums entwickelt hat[2] (siehe dazu Seite 165). Sie wurden weiterhin bestätigt durch andere Verbraucheruntersuchungen über Parfums sowie durch eine linguistische Analyse französischer Parfumbeschreibungen, bei der sich ebenfalls blumig (fleuri) und frisch bzw. warm (frais-chaud) als die vorherrschenden Unterscheidungsmerkmale erwiesen.[3]

Auch die Wahl der Farben der Landkarte war nicht willkürlich. Sie beruht auf den Überlegungen des Farbpsychologen Dr. Frieling über die Farbzuordnung zum Duftwirkungsschema.[4]

Wo die Landkarte an ihre Grenzen stößt

Die Landkarte will und kann nur als Orientierungshilfe verstanden werden, nicht als allgemeingültige und vollständige Darstellung der Welt der Düfte. Parfums sind zu vielschichtig, als dass sie sich in einer einfachen zweidimensionalen Darstellung einfangen ließen.

Das fängt schon damit an, dass viele Parfums nach dem Auftragen auf der Haut ihren Duftcharakter ändern. Anfangs treten die kühlen Nuancen deutlich in Erscheinung und sind vielleicht sogar vorherrschend, im Laufe der Zeit nehmen die warmen immer mehr überhand. Beim Eintragen in die Landkarte habe ich in solchen Fällen hauptsächlich die Herznote* beachtet, also den Duftcharakter, der zehn bis zwanzig Minuten nach dem Auftragen beziehungsweise Aufsprühen zu Tage kommt.

Den Duftveränderungen, die durch die individuelle Hautchemie bewirkt werden, konnte ich selbstverständlich nicht Rechnung tragen. Die Einordnungen beruhen auf dem Duft der Parfums auf neutralen Papierstreifen.

Wenn auch Parfums, die einander im Duft ähnlich sind, in der Landkarte nahe beieinander liegen, so bedeutet dies nicht, dass alle Parfums, die nahe beieinander liegen, sich auch im Duft ähneln. Zwei Parfums können durchaus hinsichtlich ihrer Blumigkeit und Wärme ähnlich, aber dennoch sehr unterschiedlich im Duft sein.

Landkarte der Parfums

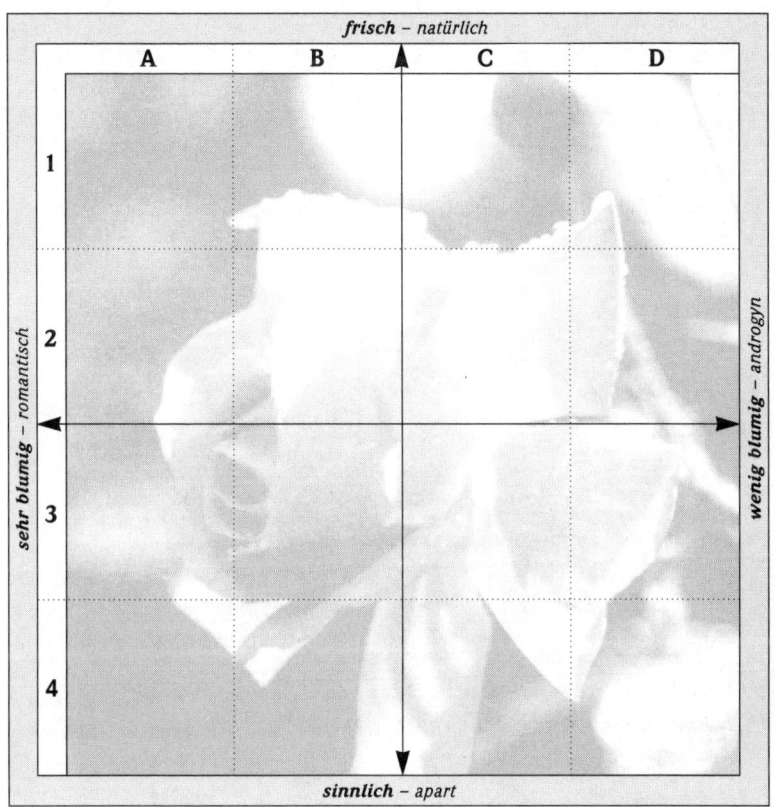

Landkarte der Parfums

Die blumig-frischen Parfums

	A	**B**
frisch – natürlich		

1

A
- So Pretty
- Iceberg
- Laura
- Romance
- L'Eau d'Yssey
- Innocence
- Betty Barclay
- Authentic
- Sumatra Rain
- Individuelle
- Adidas Sport
- Bolero
- Bella Firenze

B
- Free World
- Aqua di Giò
- Eau d'Eden
- Twice
- Noa
- Fleur d'Eau
- Sunwater
- Hugo
- Tommy Girl
- XS
- Escape
- Sunflowers
- White Breeze
- Vice Versa
- Happy
- Cristalle
- »212«
- Oh!
- So
- Calyx

sehr blumig – romantisch

2

A
- Clear Day
- Golden Moments
- Envy
- Eau Dolce Vita
- Parfum d'Été
- Yohji Essential
- Diorissimo
- Pleasures
- Royalissime
- Splendor
- Kenzo elle
- Beautiful
- Kiton
- Carita
- Joy
- Les Copains
- S. T. du Pont
- Anaïs Anaïs
- Ferragamo
- Fidji

B
- Ocean Dream
- Monde Beau
- Weekend
- Dalissime
- Indian Summer
- 5th Avenue
- Burberrys
- D & G
- True Love
- Baby Doll
- Le Baiser
- Cerruti 1881
- First
- Tribù
- Estée
- White Linen
- Arpège
- Tosca

Landkarte der Parfums

Die wenig blumig-frischen Parfums

	C	D

C / 1

4711   Freedom

Ô de Lancome   cK One

Eau de Rochas   Dalimix

Eau de Givenchy   Polo Sport

By

Eau Kenzo   Ô Oui!

Eau Parfumée

Aroma Tonic

Relaxing

D / 1

Twice Ice

Cool Water

Chiemsee

Cashmere Mist

Sport Spirit

cK Be

Eau Belle   Aquatics

New West

Triangle

V/S

Wrappings

C / 2

Chanel 19   Alliage

Cabotine   Diorella

Safari   Gucci 3

Tendre Poison   Cheap and Chic

Acte 2   Vent Vert

Rive Gauche   Wild Wind

j'adore

Calandre

Loving Bouquet

Mme Rochas   Nonchalance

Calèche

Chanel 5   Betty B.2

D / 2

Country Weekend

Parfum privé

Eau Dynamisante

J.-L. Scherrer

Chevignon 57

Armani   Aqua Relax

Givenchy III

Jil Sander III

Cabochard

Geoffrey Beene

wenig blumig – androgyn

Landkarte der Parfums

Die blumig-sinnlichen Parfums

	A	B
3	Lalique · Angel Innocent · Must II · Cascaya · Eden · Amarige · Accenti · 24, Fauburg · L'Air du Temps · Giò · Spellbound · Narcisse · Eau de Gucci · Chloé · Viva · Kenzo · Jil Sander 4 · Private Number	Donna Karan · Trésor · Tocadilly · Sublime · Paris · Eternity · Bvulgari · Trussardi Light · Anna Sui · Venezia Pastello · Maroussia · Allure · Vanderbilt · Contradiction · Sculpture
4	Organza · Poême · Joop! Berlin · Panthère · Escada · Alchimie · Champs Elysées · Poison · Loulou · Jaipur · Giorgio · Boucheron	Roses and More · Sun Moon Stars · All about Eve · Diesel · Roma · Shahi · Voice · Feu d'Issey · Sotto Voce · Joop! Le Bain · Boudoir · Jil Sander Sun · Very Valentino · Venezia · Joop!

sehr blumig – romantisch

sinnlich – berauschend

Landkarte der Parfums
Die wenig blumig-sinnlichen Parfums

	C	**D**
3	Scherrer 2 Private Collection Salvador Dalí Rush Chamade Femme Emporio Deci Delà Y Gabriela Mitsouko Good Life Vocalise Gai Mattiolo Moschino Coco Universe Dolce Vita Diva Tentations Saphir	Moments Ma Griffe Jil Sander B&B Femininité Aromatics Elixir Miss Dior Paloma Eau du Soir Yohji Knowing White Diamonds Magie Noire Ysatis Opium Parfum de Peau Youth Dew
4	Tempore Mira-Bai J.-P. Gaultier Angel Lolita Yvresse Herve Leger Wish Vanilla Fields Dune Obsession Hypnotic Must de Cartier Tocade Shalimar Tuscany Casmir Bogner B&B	Jungle Elephant Dioressence Theorema Lancaster Jungle Tigre Rodier Sonja Rykiel KL Just me Jil Extase Moschus Samsara Musk Oil

wenig blumig – androgyn

sinnlich – apart

Register zur Landkarte der Parfums

Die mit * markierten Parfums findet man auch in Drogeriemärkten und anderen Selbstbedienungsläden

Parfum	Bezeichnung in der Landkarte	Feld
»212«	»212«	B1
24, Faubourg	24, Faubourg	A3
4711 Echt Kölnisch Wasser	4711	C1
5th Avenue	5th Avenue	B2
Acqua di Giò	Acqua di Giò	B1
Adidas Woman Sport	Adidas Sport	A1
Alchimie	Alchimie	A4
All about Eve	All about Eve	B4
Alliage	Alliage	C2
Allure	Allure	B3
Amarige	Amarige	A3
Anaïs Anaïs	Anaïs Anaïs	A2
Angel	Angel	C4
Angel Innocent	Angel Innocent	A3
Anna Sui	Anna Sui	B3
Aqua Relax	Aqua Relax	D2
Armani le Parfum	Armani	D2
Aromatics Elixir	Aromatics Elixir	D3
Aroma Tonic	Aroma Tonic	C1
Arpège	Arpège	B2
Authentic Maroussia*	Authentic	A1
Baby Doll	Baby Doll	B2
Beautiful	Beautiful	A2
Bella Firenze di Tosca*	Bella Firenze	A1
Betty Barclay Woman 2*	Betty B. 2	C2

Parfum	Bezeichnung in der Landkarte	Feld
Betty Barclay Woman*	Betty Barclay	A1
Bogner Bath and Beauty	Bogner B&B	C4
Bolero*	Bolero	A1
Boucheron	Boucheron	A4
Boudoir	Boudoir	B4
Burberrys for Women	Burberrys	B2
Bvlgari	Bvlgari	B3
By Dolce & Gabbana Woman	By	C1
Cabochard	Cabochard	D2
Cabotine	Cabotine	C2
Calandre	Calandre	C2
Calèche	Calèche	C2
Calyx	Calyx	B1
Carita	Carita	A2
Cascaya*	Cascaya	A3
Cashmere Mist	Cashmere Mist	D1
Casmir	Casmir	C4
Cerruti 1881 pour femme	Cerruti 1881	B2
Chamade	Chamade	C3
Champs Elysées	Champs Elysées	A4
Chanel No 19	Chanel 19	C2
Chanel No 5	Chanel 5	C2
Cheap and Chic	Cheap and Chic	C2
Chevignon 57	Chevignon 57	D2
Chiemsee Woman	Chiemsee	D1
Chloé	Chloé	A3
Chloé Innocence	Innocence	A1
Chloé Narcisse	Narcisse	A3
cK Be	cK Be	D1
cK one	cK one	C1

Parfum	Bezeichnung in der Landkarte	Feld
Clear Day	Clear Day	A2
Coco	Coco	C3
Contradiction	Contradiction	B3
Cool Water Woman	Cool Water	D1
Cool Water Woman Aquatics	Aquatics	D1
Cristalle	Cristalle	B1
Dalimix	Dalimix	C1
Dalissime	Dalissime	B2
Deci Delà	Deci Delà	C3
Diesel plus plus*	Diesel	B4
Diorella	Diorella	C2
Dioressence	Dioressence	D4
Diorissimo	Diorissimo	A2
Diva	Diva	C3
Dolce & Gabbana	D & G	B2
Dolce Vita	Dolce Vita	C3
Donna Karan	Donna Karan	B3
Dune	Dune	C4
Eau Belle d'Azzaro	Eau Belle	D1
Eau de Dolce Vita	Eau Dolce Vita	A2
Eau de Givenchy	Eau de Givenchy	C1
Eau de Gucci	Eau de Gucci	A3
Eau de Rochas	Eau de Rochas	C1
Eau d'Eden	Eau d'Eden	B1
Eau du Soir	Eau du Soir	D3
Eau Dynamisante	Eau Dynamisante	D2
Eau Parfumée Bvlgari	Eau Parfumée	C1
Eden	Eden	A3
Emporio She	Emporio	C3
Escada	Escada	A4

Parfum	Bezeichnung in der Landkarte	Feld
Escada Acte 2	Acte 2	C2
Escada Loving Bouquet	Loving Bouquet	C2
Escada Sport Country Weekend	Country Weekend	D2
Escada Sport Spirit	Sport Spirit	D1
Escape for Women	Escape	B1
Estée	Estée	B2
Eternity for Women	Eternity	B3
Extase Moschus Women*	Extase Moschus	D4
Femininité du Bois	Femininité	D3
Femme	Femme	C3
Fidji	Fidji	A2
First	First	B2
Fleur d'Eau	Fleur d'Eau	B1
Freedom	Freedom	C1
Free World*	Free World	B1
Gabriela Sabatini*	Gabriela	C3
Gai Mattiolo	Gai Mattiolo	C3
Geoffrey Beene	Geoffrey Beene	D2
Giorgio	Giorgio	A4
Giò	Giò	A3
Givenchy III	Givenchy III	D2
Golden Moments*	Golden Moments	A2
Good Life Woman	Good Life	C3
Gucci Accenti	Accenti	A3
Gucci Envy	Envy	A2
Gucci No. 3	Gucci 3	C2
Gucci Rush	Rush	C3
Happy	Happy	B1
Herve Leger	Herve Leger	C4
Hugo Woman	Hugo	B1

Parfum	Bezeichnung in der Landkarte	Feld
Hypnotic Poison	Hypnotic	C4
Iceberg	Iceberg	A1
Iceberg Twice	Twice	B1
Iceberg Twice Ice	Twice Ice	D1
Iceberg Universe	Universe	C3
Indian Summer*	Indian Summer	B2
Individuelle*	Individuelle	A1
j'adore	j'adore	C2
Jaipur	Jaipur	A4
Jaipur Saphir	Saphir	C3
Jean-Louis Scherrer	J.-L. Scherrer	D2
Jean-Paul Gaultier	J-P. Gaultier	C4
Jil	Jil	D4
Jil Sander Bath & Beauty	Jil Sander B&B	D3
Jil Sander No. 4	Jil Sander 4	A3
Jil Sander Sun	Jil Sander Sun	B4
Jil Sander Woman III	Jil Sander III	D2
Joop! Berlin	Joop! Berlin	A4
Joop! Le Bain	Joop! Le Bain	B4
Joop! Parfum pour femmes	Joop!	B4
Joy	Joy	A2
Jungle Elephant	Jungle Elephant	D4
Jungle Tigre	Jungle Tigre	D4
Just me	Just me	D4
Kenzo	Kenzo	A3
Kenzo pour elle	Kenzo elle	A2
Kiton Donna	Kiton	A2
KL	KL	D4
Knowing	Knowing	D3
L'Air du Temps	L'Air du Temps	A3

Parfum	Bezeichnung in der Landkarte	Feld
Lalique	Lalique	A3
Lancaster	Lancaster	D4
Laura	Laura	A1
Le Baiser	Le Baiser	B2
Le Feu d'Issey	Feu d'Issey	B4
Le Monde est Beau	Monde Beau	B2
L'Eau d'Yssey	L'Eau d'Yssey	A1
L'Eau par Kenzo	Eau Kenzo	C1
Les Copains	Les Copains	A2
Lolita Lempicka	Lolita	C4
Loulou	Loulou	A4
Ma Griffe	Ma Griffe	D3
Madame Rochas	Mme Rochas	C2
Magie Noire	Magie Noire	D3
Maroussia*	Maroussia	B3
Mira-Bai	Mira-Bai	C4
Miss Dior	Miss Dior	D3
Mitsouko	Mitsouko	C3
Moments*	Moments	D3
Mon Parfum	Paloma	D3
Montana Parfum de Peau	Parfum de Peau	D3
Moschino	Moschino	C3
Musk Oil*	Musk Oil	D4
Must de Cartier	Must de Cartier	C4
Must de Cartier II	Must II	A3
New West	New West	D1
Noa	Noa	B1
Nonchalance*	Nonchalance	C2
Ô de Lancôme	Ô de Lancôme	C1
Ô Oui!	Ô Oui!	C1

Parfum	Bezeichnung in der Landkarte	Feld
Obsession for women	Obsession	C4
Ocean Dream	Ocean Dream	B2
Oh!	Oh!	B1
Opium	Opium	D3
Organza	Organza	A4
Panthère de Cartier	Panthère	A4
Parfum d'Été	Parfum d'Été	A2
Parfum privé	Parfum privé	D2
Paris	Paris	B3
Pleasures	Pleasures	A2
Poême	Poême	A4
Poison	Poison	A4
Polo Sport Woman	Polo Sport	C1
Private Collection	Private Collection	C3
Private Number	Private Number	A3
Relaxing Fragrance	Relaxing	C1
Rive Gauche	Rive Gauche	C2
Rodier	Rodier	D4
Roma	Roma	B4
Romance	Romance	A1
Roses and More*	Roses and More	B4
Royalissime	Royalissime	A2
S. T. du Pont	S. T. du Pont	A2
Safari	Safari	C2
Salvador Dalí	Salvador Dalí	C3
Salvatore Ferragamo	Ferragamo	A2
Samsara	Samsara	D4
Scherrer 2	Scherrer 2	C3
Sculpture	Sculpture	B3
Shahi	Shahi	B4

Parfum	Bezeichnung in der Landkarte	Feld
Shalimar	Shalimar	C4
So	So	B1
So Pretty	So Pretty	A1
Sonja Rykiel	Sonja Rykiel	D4
Sotto Voce	Sotto Voce	B4
Spellbound	Spellbound	A3
Splendor	Splendor	A2
Sublime	Sublime	B3
Sumatra Rain Woman*	Sumatra Rain	A1
Sun Moon Stars	Sun Moon Stars	B4
Sunflowers	Sunflowers	B1
Sunwater	Sunwater	B1
Tempore Donna	Tempore	C4
Tendre Poison	Tendre Poison	C2
Tentations	Tentations	C3
Theorema	Theorema	D4
Tocade	Tocade	C4
Tocadilly	Tocadilly	B3
Tommy Girl	Tommy Girl	B1
Tosca	Tosca	B2
Trésor	Trésor	B3
Triangle*	Triangle	D1
Tribù	Tribù	B2
True Love	True Love	B2
Trussardi Light Her	Trussardi Light	B3
Tuscany per Donna	Tuscany	C4
V/S	V/S	D1
Vanderbilt*	Vanderbilt	B3
Vanilla Fields*	Vanilla Fields	C4
Venezia	Venezia	B4

Parfum	Bezeichnung in der Landkarte	Feld
Venezia Pastello	Venezia Pastello	B3
Vent Vert	Vent Vert	C2
Very Valentino	Very Valentino	B4
Vice Versa	Vice Versa	B1
Viva di Tosca	Viva	A3
Vocalise	Vocalise	C3
Voice*	Voice	B4
Weekend for Women	Weekend	B2
White Diamonds	White Diamonds	D3
White Linen	White Linen	B2
White Linen Breeze	White Breeze	B1
Wild Wind*	Wild Wind	C2
Wish	Wish	C4
Wrappings	Wrappings	D1
XS pour Elle	XS	B1
Y	Y	C3
Yohji	Yohji	D3
Yohji Essential	Yohji Essential	A2
Youth Dew	Youth Dew	D3
Ysatis	Ysatis	D3
Yvresse	Yvresse	C4

Die einzelnen Parfums

Wir wollen nun die Landkarte einmal zusammen durchwandern, um uns die einzelnen Parfums »anzusehen«. Zu jedem nenne ich, wo er nicht aus dem Namen des Parfums hervorgeht, das Parfum- oder Modehaus, das ihn herausgebracht hat, sowie das Erscheinungsjahr. Das ehrwürdige Alter manch hochaktueller Parfums wird Sie überraschen! Ich will Ihnen auch meine persönlichen Ansichten zu den Düften nicht vorenthalten. Vielleicht wird Ihnen dabei auffallen, dass meine Beschreibungen manchmal ganz anders sind als die, die Sie in Frauenzeitschriften gelesen haben. Das kommt daher, dass die Beschreibungen in den Zeitschriften, die zumeist von den Herstellern der Parfums selbst stammen, das Besondere und Außergewöhnliche der Kreationen betonen und deshalb oft exotische Bestandteile hervorheben. Mir geht es dagegen darum, die Beschreibung möglichst verständlich und nachvollziehbar zu machen. Deshalb beschränke ich mich weitgehend auf das Nennen von Duftnoten, mit denen Sie wahrscheinlich vertraut sind. Wo sich Fachausdrücke wie »Chypre«, »aldehydisch« oder »Fond« nicht vermeiden ließen, finden Sie diese Ausdrücke im Glossar am Ende dieses Buches erklärt.

Es wird nicht ausbleiben, dass Sie manche Düfte ganz anders empfinden, als ich sie beschrieben habe – aber hoffentlich macht Ihnen auch und gerade dann die Auseinandersetzung mit meinen Beurteilungen Spaß.

Wir wollen an der Stelle anfangen, wo die Düfte am kühlsten und leichtesten sind, und machen unseren Weg entgegen dem Uhrzeiger um die Karte herum, zuerst am Rande entlang und anschließend spiralenförmig zur Mitte hin.

C1

Hier finden wir sogleich den ältesten der heute erhältlichen Düfte, das *Kölnisch Wasser 4711* aus dem Jahr 1792! Die Weise der Herstellung hat sich in 200 Jahren zwar drastisch geändert, doch der Duftcharakter ist weitgehend gleich geblieben und immer noch aktuell: leicht und erfrischend, beschwingt und belebend, zitronenartig mit feinen krautigen Nuancen und ein Touch von Orangenblüten. Das klassische Kölnisch Wasser sowie die vielen *Eaux de Cologne*, die in seiner Nachfolge auf dem Markt erschienen, wurden immer schon von Männern sowie Frauen verwendet. Kein Wunder, dass sich der erfolgreichste jugendliche Unisex-Duft unserer Tage, *cK one* (Calvin Klein 1994), an der altbewährten Duftrichtung orientierte. Es ist allerdings intensiver und haftender, mit der Frische moderner Hygiene, flankiert von herb-fruchtigen Akzenten und blumigen Nuancen. Der Zitrusakkord, sei es in der klassisch-natürlichen oder der modernen Ausprägung, bestimmt den beherrschenden Eindruck aller Parfums in diesem Feld. In *Freedom* (Hilfiger 1999) wird er holzig und mit einer Marinenuance variiert. *Dalimix* (Dali 1996), ein Unisexduft, sowie die für junge Frauen gedachten *Polo Sport Woman* (Ralph Lauren 1996), *By* (Dolce & Gabbana 1998) und *Ô oui!* (Lancôme 1998) vertreten die moderne Ausrichtung und besitzen dabei eine »grüne« Frische, die an Gurken erinnert. In einer Reihe mehr klassischer französischer *Eaux*, darunter *Ô de Lancôme* (1969), *Eau de Rochas* (1970) und *Eau de Givenchy* (1982), ist das blumige Element stärker betont als im *4711*: Es sind eindeutig feminine Duftwässer von natürlicher Frische. *L'Eau par Kenzo* (1996) und *Eau parfumée* (Bvlgari, 1998) sind der französischen Tradition verpflichtet. *L'Eau par Kenzo* verdankt seinen besonderen Charakter einer Note, die an Algen und Wasserpflanzen erinnert. Diese Note, die auch etwas Erotisches hat (ein französischer Parfümeur hat auf die Verwandtschaft zum weiblichen Sexualduft hingewiesen[5]), und die von den Parfümeuren als »marine« bezeichnet wird, ist in der Parfümerie der 90er Jahre recht häufig vertreten. Im *Eau parfumée* (»Cologne au thé vert«) ist eine Teenote erkennbar.

Die *Eaux de Cologne* des späten 18. und frühen 19. Jahrhunderts wurden nicht nur um des Duftes willen, sondern auch wegen ihrer stimulierenden und therapeutischen Eigenschaften verwendet. Diese Tradition hat mit dem wieder erwachenden Interesse für die Pflanzenheilkunde und Aromatherapie gegen Ende des 20. Jahrhunderts eine gewisse Renaissance erlebt. Das erste erfolgreiche Produkt dieser Art war *Eau Dynamisante* (Clarins 1997) mit einem ganz eigenständigen, lebhaft und sehr natürlich wirkenden, frischen und dennoch haftenden Duft (in Feld D2). Es folgten *Relaxing Fragrance* (Shiseido 1997), *Aroma Tonic* (Lancôme 1999) und *Aqua Relax* (Biotherm 1999, in Feld D2). *Relaxing Fragrance* erinnert im Duft etwas an frische Gurken, *Aroma Tonic* duftet nach Tee mit Zitrone und *Aqua Relax* entwickelt, nachdem die Zitruskopfnote verflogen ist, einen blumig-pudrigen Duft. Alle diese Produkte sind Teil einer kompletten Pflegeserie.

D1

Die Parfums rechts oben in der Landkarte verdanken ihre Frische nicht so sehr dem Zitrusakkord, sondern herb-fruchtigen Noten (vor allem die schwarze Johannisbeere und der Duft ihrer Knospen treten in den modernen Parfums immer wieder auf), krautigen und minzigen Elementen, oder einem Komplex, der an keine natürlichen Vorbilder erinnert und den man nur als »abstrakt-kühl« beschreiben kann – ein Komplex, der in *cK Be* (Calvin Klein 1996) in Reinkultur auftritt. In *Cool Water for Women* (Davidoff 1996) und *Escada Sport Spirit* (1998) ist das fruchtige Element ausgeprägt, in *Eau belle d'Azzaro* (1995) treten grün-blumige und würzige Nuancen und in *Cool Water Aquatics* (Davidoff 1999) eine warm-aromatische Note dazu. *Triangle* (Myrurgia 1996) verknüpft eine aromatische Note mit krautig-frischen Elementen und dem warmen Zitruston von Bergamotte. Warm-aromatische Noten prägen auch *New West* (1988). Dieses Parfum, das die Landschaft und den Lebensstil Kaliforniens feiert – die kalifornischen Berge duften ähnlich wie die Macchia Corsicas –, war das erste, das die »Marine«-Note von Algen und Meereswind in die Parfümerie einführte. Der Akkord aromatischer und mariner Elemente ist auch heute noch einzigartig. Ebenso eigenwillig sind *V/S* (Gianni Versace 1998) mit seinem Zimtakzent und *Wrappings* (Clinique 1990) mit der herb-würzigen Frische von Nadelwäldern. *Iceberg Twice Ice* (1998), *Chiemsee* (Metropolitan Cosmetics 1999) und *Cashmere Mist* (Donna Karan 1999) sind kühl und transparent, mit einer Moschusnote im Nachklang. In der Kopfnote ist *Iceberg Twice Ice* minzig, *Chiemsee* »wässrig« und *Cashmere Mist* krautig.

A1

Um nicht allzu pedantisch der Reihe nach zu gehen, wollen wir nun einen großen Sprung nach links machen. Hier sind wir im Bereich der leichten blumigen Parfums, der jungen, romantischen Sommerdüfte. Die Mehrzahl dieser Kreationen stammt aus jüngster Zeit. Viele verdanken ihre leichte Kühle der neuen »Headspace«-Technik, die es erstmalig möglich gemacht hat, die flüchtigsten Komponenten des Duftes lebender Blüten, die bei der herkömmlichen Bereitung von ätherischen Ölen und Extrakten verloren gehen, zu identifizieren. Bei aller Natürlichkeit der Wirkung sind es kunstvolle Kreationen, die Bouquets vertrauter und exotischer Blumen mit fruchtigen und grünen Nuancen umranken und warmholzige oder Moschusnoten behutsam hinzufügen, um ihnen ohne Verlust an Leichtigkeit Haftung zu verleihen.

Wir lesen von Weinblüten (*Gucci Envy*), Lotusblüte (*Romance*), weiße Calla und Wasserhyazinthe (*Chloé Innocence*), Orchidee und Osmanthus (*So Pretty*); von Litschi (*Romance*), Ackerbeere und weißem Pfirsich (*So Pretty*) und den Blättern der Kapuzinerkresse (*Eau d'Eden* in B1). Zur Orientierung sind uns aber die Duftnoten vertrauter Blüten nützlicher. Unter diesen finden wir am häufigsten die Rose, das Maiglöckchen und – in kühler, an Tee gemahnender Ausprägung – den Jasmin. In *So Pretty* (Cartier 1995) und *Romance* (Ralph Lauren 1998) herrscht die Rose vor, frisch wie im Garten an einem Sommermorgen; in *L'Eau d'Issey* (Issey Miyake 1992) strahlt sie zugleich taukühl und honigwarm. In *Sumatra Rain Woman* (Muelhens 1998) und *Authentic Maroussia* (Slava Zaïtsev 1996) wird ein frisch-fruchtiger Grundakkord aus Rose und Bergamotte mit jeweils unterschiedlichen Nuancen umspielt, *Betty Barclay Woman* (1998) fügt ihm das zarte Maiglöckchen hinzu. In *Bolero Gabriela Sabatini* (1997) und *Bella Firenze di Tosca* (Muelhens 1989) erinnert mich der rosig-fruchtige Grundakkord an das Aroma frischer Renekloden.

In *Laura* (Laura Biagiotti 1994) vereinen sich Rose und Jasmin zu einem klassischen Grundakkord, dem eine grüne Note wie von Gurken natürliche Frische verleiht. *Adidas Woman Sport* (1997) ergänzt Rose und Jasmin mit Maiglöckchen zu einem Duft, der für »Sport« fast zu romantisch ist. In *Individuelle* (Louis Jourdan 1996) wird ein ähnlicher Akkord wärmer, fruchtiger variiert. *Iceberg* (1991) verknüpft eine Grundnote von Jasmintee mit einer Kopfnote von abstrakter Kühlheit; in *Chloé Innocence* (K. Lagerfeld 1996) ist diese Note zu erkennen in einem Akkord, der als »leicht, beschwingt, unkompliziert, blütenrein, quellfrisch und fast ein wenig unschuldig« beschrieben wird.[6]

B1

Die Gruppe der modernen blumigen Sommerparfums setzt sich nach rechts im Quadrat B1 fort; die unterschiedlichen Nuancen, die die Blütenbouquets begleiten, gewinnen hier an Gewicht. Die Noten sind abstrakter, synthetischer: die neuerdings beliebte Duftbezeichnung »transparent« trifft vor allem auf die Parfums in diesem Quadrat zu. Von *Cristalle* (Chanel 1974), einem Vorläufer des Genres, hat Luca Turin gesagt, es besitze »die heitere Nostalgie eines schönen Wintertages«.[7] Im etwas artifiziell wirkenden *Calyx* (Clinique 1987) mit seinem Pampelmusenakzent, in *Sunflowers* (Elizabeth Arden 1993), das Jasmin und Maiglöckchennoten betont, im kühlen *Iceberg Twice* (1994) im rosigen *Sunwater* (Lancaster 1997) und im abstrakten *Free World* (Mäurer & Wirtz 1998) mit dem Motto »Action – Power – Easy going« sind Grünnoten vorhanden, grasig-herb oder kühl wie frische Gurken und Wassermelonen. Im energisch-frischen *Tommy Girl* (Hilfiger 1996), im kessen *Oh!* (Moschino 1996) und im klaren *Happy* (Clinique 1997) und in *Vice Versa* (Y. St. Laurent, 1999) sind es vor allem fruchtige Noten: die herbe Grapefruit in *Tommy Girl*, die Himbeere in *Oh!*, die schwarze Johannisbeere in *Happy*, und etwas synthetisch wirkende Mandarinen, Himbeeren und Tomaten in *Vice Versa*.

Escape for Women (Calvin Klein 1991) brachte eine Anregung, die von vielen Parfums im anbrechenden Jahrzehnt aufgegriffen wurde: Es vereinte einen herb-blumigen Akkord mit der Marinenote von Algen und Meeresstrand und schuf so einen Duft wie ein Sommerurlaub am Meer. Das beschwingte *XS pour elle* (Paco Rabane 1994), belebende *Acqua di Giò* (Giorgio Armani 1995), das poetische *Fleur d'Eau* (Rochas 1996), das frische *Eau d'Eden* (Cacharel 1996), das feminin-elegante *White Linen Breeze* (Estée Lauder 1996) und *Hugo* (Boss 1997) – sie alle kreisen um das Thema »kühl blumig-grün-marine«, wobei *Acqua di Giò* und *Hugo* mehr der Techno-Ästhetik, die übrigen eher dem traditionellen Stil zugehören. *So* (Oscar de la Renta 1997) fügt einem Bouquet von Blumen und einer »feuchten« Note eine köstliche Nuance tropischer Früchte zu. *212* (Carolina Herrera 1997) und *Noa* (Cacharel 1998) sind durch einen ausgeprägten Moschusfond haftender als die anderen; die Kopfnote ist bei *212* herb-frisch, cassisartig, bei *Noa* sanft-aldehydisch und schwebend.

A2

Wir kommen nun in den Bereich der klassischen Bouquets zwischen 1930 und 1980 und der modernen Varianten dieser Klassiker. Wieder verhilft uns die Triade Rose-Jasmin-Maiglöckchen zur Übersicht. Links oben *Diorissimo* (Dior 1956), raffiniert gerade durch seine strahlende Natürlichkeit, weiß und zart und sinnlich-erotisch zugleich. Nicht weit davon finden wir *Parfum d'Eté* (Kenzo 1992) und *Royalissime* (SAR Henri de France 1997). Auch in *Gucci Envy* (1997) und *Clear Day* (Etienne Aigner 1998) und *Golden Moments* (Priscilla Presley 1999) steht der Duft des Maiglöckchens im Mittelpunkt, umspielt von fruchtigen und grünen Akzenten. Das helle, kompakte *Kenzo pour elle* (1999) fügt einem Maiglöckchen-Jasmin-Akkord einen feinen Moschusfond hinzu.

Von entwaffnend direkter, blumiger Klarheit ist *Pleasures* (Estée Lauder 1995), in dem neben dem Maiglöckchen die Rose hervortritt. Auch in *Yohji Essential* (Yohji Yamamoto, 1999) steht der Akkord Maiglöckchen-Rose natürlich strahlend im Mittelpunkt. In *Eau de Dolce Vita* (Dior 1998) wird die Rose durch eine etwas herb-grüne Frischheit der Freesie begleitet und durch eine zarte Mandarinennote eingeleitet. Dem Maiglöckchen verwandt, doch weicher, grüner und haftender ist die Zyklamennote in *Kiton Donna* (1997). *Splendor* (Elizabeth Arden 1998) ist mit seiner Geißblattnuance ein Duft wie ein schöner Sommertag.

Unten in Feld A2 und hinüber in B2 regiert der Akkord aus kühler Rose und betörendem Jasmin, der, mehr oder weniger deutlich durch die pudrige Note der Iriswurzel begleitet, seit *Joy* (Patou 1935) in der französischen Parfümerie zum Inbegriff reifer femininer Schönheit und Eleganz geworden ist. In *Salvatore Ferragamo* (1998) ist er grün und würzig nuanciert, in *S. T. DuPont* (1998) und in *Carita* (1997) steht die Rose klar im Vordergrund, in *Beautiful* (Estée Lauder 1986) ist er mit warm-fruchtigen und pudrigen Aspekten angereichert. In *Fidji* (Guy Laroche 1966) werden Rose und Jasmin durch die erdig-grünen und würzigen Noten von Hyazinthe und Gartennelke umspielt, in *Anaïs Anaïs* (Cacharel 1979) durch den berauschenden Duft »weißer Blüten«* und holzig-pudriger Iriswurzel. Die klassische frische Kopfnote fehlt in *Anaïs Anaïs* völlig, der Duftcharakter bleibt, in der Art der »abstrakten« Parfums (siehe Seite 136), vom Auftragen bis zum Ausklang fast unverändert. Im Umfeld von *Anaïs* finden wir auch die neuere Kreation *Les Copains* (1988).

A3

Nach »Süden« hin kommen wir in üppigere Regionen, in denen die Atmosphäre von sommerlichen Nächten im Mittelmeerraum oder von Palmenhäusern mit exotischen Blumen präsent ist, manchmal zart angedeutet, manchmal sich voll entfaltend: Parfums, die weibliche Sinnlichkeit verführerisch ausstrahlen. Bei den Kreationen in diesem Quadrat unterscheiden wir vier Gruppen, die allerdings nicht streng zu trennen sind; sie gehen fließend ineinander über.

Der Duft des Geißblattes ist Amerikanern geläufiger als Europäern; in den USA., vor allem in den Südstaaten, findet man diesen Strauch mit seinen weißen Blüten in Gärten, Parks und auch wildblühend. Sein warmer, an Jasmin erinnernder Duft erhält durch eine blattgrüne Nuance etwas zugleich Herbes und Betäubendes – eine Kontrastwirkung, die auch europäische Parfümeure in den letzten Jahrzehnten zu phantasievollen Kreationen inspiriert hat. Dazu zählen das elegante *Lalique* (1992), das romantische *Cascaya* (Gabriela Sabatini 1994) und *Eden* (Cacharel 1994), von dem der Hersteller sagt, dass hier die Frische sinnlich wird, sowie *24, Faubourg* (Hermès 1995), betörend wie ein Gartenfest an einem lauen Sommerabend. In *Gucci Accenti* (1995) wirkt ein Akkord, in dem Geißblatt dominiert, direkt und plakativ. Auch *Amarige* (Givenchy 1991) legt eine für dieses Dufthaus ungewöhnliche synthetische Härte an den Tag.

Der würzige Duft der Nelke, der in manchen Parfums im Quadrat A2 als Nuance zugegen ist, tritt in einigen Parfums von Feld A3 deutlicher hervor. Der Klassiker dieser Richtung ist *L'Air du Temps* (Nina Ricci, 1948), das Luca Turin etwas spitzbübisch beschrieben hat als »ein sehr schönes sanftes, blumiges und pudriges Parfum, gemacht für diejenigen, die beim Hören der Mondscheinsonate weinen«.[8] Hier ist die Nelkennuance in den Rose-Jasminakkord eingebettet, in *Spellbound* (Estée Lauder 1991), *Giò* (Armani 1992) und *Eau de Gucci* (1993) tritt sie mit fast metallischer Prägnanz zu Tage.

Wer im Mittelmeerraum in Frühsommernächten den betörenden Duft der Orangenblüte kennengelernt hat, wird ihn niemals vergessen. In der Provence sagt man, man dürfe in solchen Nächten junge Mädchen nicht unbewacht ins Freie lassen. Ein Extrakt dieser Blüte war bereits im 19. Jahrhundert ein heiß begehrter, aber mit großer Zurückhaltung verwendeter Parfumbestandteil. Wo die Sitten nicht so streng sind, können die Parfümeure es mit lockerer Hand einsetzen; sie kombinieren es gerne mit dem gleichfalls voll und sinnlich duftenden Öl der Ylang-Ylang-Blüte und dem an Kokosmilch erinnernden Extrakt der Lilienart Tuberose, beide von den Inseln des Indischen Ozeans und der Südsee. So entstanden Parfums wie das üppig-warme *Chloé* (Lagerfeld 1975), das zartere *Kenzo* (1988) und *Jil Sander Nr. 4* (1990), das seine mehr distanziert-elegante Wirkung holzigen Akzenten verdankt.

Die Extrakte aus Narzisse (oder »Jonquille«, eine gelbe Narzissenart) können Blütenakkorden eine fast medizinische Strenge verleihen, die die berauschende Wirkung noch steigert. Man findet diesen Effekt im leidenschaftlichen *Chloé Narcisse* (1992) und im temperamentvollen *Viva di Tosca* (1997). In *Must II de Cartier* (1992) wirkt die Jonquille, vereint mit Jasmin und Pfirsich, heiter und sonnig.

In *Angel Innocent* (Thierry Muegler 1998) erhält der honigsüße Duft von Lindenblüten, wie in der Natur, einen wohltuenden Kontrast in einer bitter-herben Note, die an Hopfen und Rapsblüte erinnert. *Private Number* (Etienne Aigner 1991) vereint einen üppigen Weißen Blüten*-Akkord mit einer erdig-herben Grünnuance und kühl-fruchtigen Glanzlichtern; im Hintergrund balsamischer Weihrauch und die Wärme von Moschus und Sandelholz.

A4

Fügt man solch warm-blumigen Komplexen noch Akzente von Vanille, Zimt und Balsamen oder auch Moschus zu, so entstehen Parfums von großer sinnlicher Ausstrahlung und lang andauernder Haftung auf der Haut. Mit diesen Parfums muss man umzugehen wissen. An einer Frau, zu der sie passen und die sie zu geeigneten Anlässen verwendet, sind sie unvergesslich – wo sie nicht am Platz sind, kann es bei ihnen leicht zu einem »Zuviel« kommen.

Der Prototyp dieser berauschend sinnlichen Parfums ist *Giorgio* (1981), der Sensationserfolg (vor allem, aber nicht nur, in den USA.) der frühen 80er Jahre. Es vereint Orangenblüten und andere weiße Blüten mit Vanille. Auch in *Boucheron* (1988) und *Jaipur*

(Boucheron 1994), französische Interpretationen des gleichen Themas, herrscht eine berauschende, sinnliche Wärme vor. *Poison* (Dior 1985), dunkel-fruchtig schillernd, bringt schon in seinem Namen die Gefahr seiner berauschenden Wirkung zum Ausdruck. *Panthère* (Cartier 1986) verbirgt seine Raubtierabsichten unter einer Oberfläche von geschmeidiger Eleganz. In *Loulou* (Cacharel 1987) mischen sich Akzente von Lilien und Orchideen mit der strengen Schwere von Balsamen zu einem aufrüttelnden, abstrakt wirkenden Duft. *Escada* (1990) ist anfänglich blumig, kühl fruchtig und fast zurückhaltend, erst allmählich bricht die würzig-sinnliche Note der Balsame durch. Der blumig-pudrige Komplex von *Joop! Berlin* (1991) wird durch die erdig-grüne Note der Hyazinthe belebt. *Alchimie* (Rochas 1998) entfaltet die Wärme seines Jasmin-Bouquets erst nach dem Verklingen der herb-fruchtigen Kopfnote. *Champs Elysées* (Guerlain 1996) ist eine raffinierte Interpretation des Weiße Blüten*-Akkordes mit warm ambriertem Fond. *Poême* (Lancôme 1995) mit Akzenten von Narzisse und Mimose und *Organza* (Givenchy 1996), eine Gardenienphantasie mit pudrigem Akzent, wurden als Düfte beschrieben, die »unter die Haut gehen und die Frau wie ein kostbarer Stoff umhüllen«,[6] eine schöne Beschreibung, die auf viele der Düfte in diesem Feld passt.

B4

Auf dem Weg nach »Osten« nimmt die Dominanz des blumigen Elements allmählich ab, wir kommen in den Bereich, den der Parfümeur »blumig-orientalisch« nennt. In Feld B4 finden wir vor allem Kreationen, denen Akkorde aus Vanille, Iriswurzel und trocken-holzige Noten einen »pudrigen« Charakter verleihen. Darunter sind mehrere Erfolgsparfums der späteren 80er Jahre.

In *Joop!* (1987) verschmelzen exotisch-blumige, zimtig-pudrige und Weihrauchnoten zu einem charaktervollen Akkord von großer Haftung und Ausstrahlung. In *Joop! Le Bain* (1988) herrscht ein dunkler Rosenakkord vor, über einem pudrig-balsamischen Fond. *Roma* (Laura Biagiotti, 1988) erzielt mit einem Akkord aus Trockenblumen und einem trocken-balsamischen Fond mit würzigen und nussartigen Nuancen eine mehr modern-abstrakte als klassische Ausgewogenheit. *Jil Sander Sun* (1989) ist ein Duft, balsamisch und trocken-holzig wie ein Sommernachmittag an einer Waldlichtung. In *Shahi* (Muelhens 1995) und *Diesel Plus Plus* (Marbert 1997) prägen trocken-holzige Aspekte zusammen mit strengen Balsamnoten und dunklen Blütenakkorden den Duftcharakter. *Le Feu d'Yssey* (Y. Miyake 1998) verbindet einen schönen Rosenakkord mit pfeffrig-würzigen und holzigen Nuancen und einem warmen Fond aus Ambréakkord und Moschus.

Sun Moon Stars (Lagerfeld 1994) unterlegt einen Akkord aus Jasmin und Ylang Ylang mit fruchtigen, würzigen und balsamischen Akzenten zu dunkel schillerndem Effekt. In *All about Eve* (Joop! 1996) weist die grüne Kopfnote, dem Namen des Duftes entsprechend, Apfelcharakter auf. In *Voice* (Cosmeurope 1995) und *Sotto Voce* (Laura Biagiotti 1996) bestimmen die würzigen Noten von Mimose und Akazie zusammen mit dem pudrigen Grundkomplex den Charakter. Auch *Boudoir* (Vivienne Westwood 1998) duftet pudrig und würzig mit dem schweren Honigduft der Tabakblüte im Ausklang – wie der Wohnraum einer Jugendstilvilla, mit samtenen Vorhängen und kostbaren Perserteppichen, die die Schritte dämpfen... *Very Valentino* (1997) wirkt mit honigsüßen und reif fruchtigen Nuancen zugleich natürlich und lasziv; Iriswurzel und Vanille verleihen dem Fond einen pudrig-eleganten Touch. *Roses and More* (Priscilla Presley 1998) knüpft an diese Linie an und lässt an die verzierten Schalen mit trockenen Blüten denken, die die Räume gepflegter englischer Bürgerhäuser beduften. Durch seine ausgeprägte schwebend-sinnliche Moschusnote im Abklang nimmt *Venezia* (Laura Biagiotti 1992) eine Sonderstellung ein.

C4

Die rosinenartigen Aspekte der Balsame können, wenn sie in den Vordergrund treten, Assoziationen mit Trockenfrüchten wecken. Vanille erinnert an süßes Gebäck, Gewürznoten wie Zimt, Muskat und Nelke an Weihnachten. Pfirsichnoten waren in der Parfümerie schon seit *Mitsouko* (1919) bekannt. Der Duft der Tuberose hat deutliche Kokosaspekte. Riechstoffe aus diesen Gruppen wurden, beginnend mit *Poison* in manchen Parfums der 80er Jahre in höheren Konzentrationen eingesetzt als jemals zuvor. Anfang der 90er Jahre ging man einen Schritt weiter. Der Blumenakkord, der in *Poison* noch eine zentrale Rolle gespielt hatte, trat in den Hintergrund. *Casmir* (Chopard 1991) war eine Liebeserklärung an den einschmeichelnden Duft der Vanille, der hier eingebettet war in Jasmin, Moschus, holzige und fruchtige Nuancen. Durch Zusätze weiterer »kulinarischer« Noten wurden Erinnerungen an süße Leckereien bewusst unterstützt – so entstand der »Gourmand«-Trend,[9] Gourmand bedeutet soviel wie Schlemmer oder Leckermaul. *Angel* (Thierry Muegler 1992) läutete den Trend ein mit einem Duft, dem man bei seiner Einführung diese Beschreibung beilegte: »Angel ruft Gedanken an unsere Kindheit wach, die durchweht sind von appetitanregenden Dufterinnerungen: ein noch warmer Kuchen, aus dem Duftwolken von Vanille, Karamel oder Schokolade aufsteigen, der wunderbare Geschmack süßer, sinnendurchtränkter Früchte...«. *Jean-Paul Gaultier* (1993) setzt den Trend fort mit einem Duft, der fast noch provozierender war als *Angel. Vanilla Fields* (Coty 1993) trägt die Vanille stolz im Namen und verhindert mit einer streng-grünen Kontrastnote allzu große Süße. Das Haus Chopard führt mit dem blumig-würzig nuancierten *Wish* (1996) das Thema der Vanille-Variationen weiter, später mit *Mira-Bai* (1998); hier schafft eine trocken-holzige Note Kontrast und ein Moschus-Fond einen sinnlichen Ausklang. In *Yvresse* (Y. St. Laurent, eine Neuauflage des 1993 als *Champagne* kreierten Parfums) finden wir in der Duftbeschreibung[6] neben klassischen Parfumbestandteilen wie Rose, Eichenmoos, Vetiver und Patschuli auch Nektarine, Sternanis, Minze und Litschi. *Tempore Donna* (Laura Biagiotti 1999) führt in seiner Duftbeschreibung neben Mairose, Jasmin und Magnolie ein ganzes Arsenal an kulinarischen Verführungen an: Birnen, Mandarinen, Pflaumen, Schokolade, Haselnuss und Vanille. In *Herve Leger* (1999) regiert der wohlige-warme Duft von Karamelpudding. Auch *Lolita Lempicka* (1997) beteiligt sich mit Akzenten von reifen Kirschen und einer trockenen Nussnote am Gourmand-Trend. *Hypnotic Poison* (Dior 1998) liegt mit seiner Kirschennuance, fein mit einem Jasminakkord verknüpft, am Rande der Gourmand-Gruppe, ebenso *Tocade* (Rochas 1994).

Unten in diesem Feld befindet sich eine Familie von Parfums, die einer ganz anderen Tradition entstammt. Hier entstehen aus der Verknüpfung des sinnlichen, langhaftenden Ambréakkords mit einer Zitrus-Kopfnote und blumigen und würzigen Komponenten Kompositionen von eigenartig einschmeichelnder Wärme. Stammvater dieser Familie ist eines der ältesten der Parfums, die heute noch in den Parfümerien zu finden sind: *Shalimar* (Guerlain) aus dem Jahre 1925. Dass das Grundkonzept dieses Parfums immer noch viele Freunde hat, beweist der Erfolg des 60 Jahre später entstandenen *Obsession for Women* (Calvin Klein 1985), in dem das Grundthema von *Shalimar* mit dem grün-fruchtigen Akkord von *Alliage* (Seite 91) vereint wird. Auch *Must de Cartier* (1981), *Bogner Bath & Body* (1989), *Dune* (Dior 1992) und *Tuscany per Donna* (Aramis 1994) stehen in dieser Tradition.

D4

Links oben in Feld D4 treffen wir auf eine Gruppe von Kreationen, die zwar eine klare Hickorynuss- und Ahornsirupnote und einen Hauch von Vanille aufweisen, aber trotzdem nicht zur Gourmand-Gruppe gehören; denn in ihnen verbindet sich diese Note mit Akzenten von Edeltannen und Wacholder. Im natürlichen Duft von Nadelbaumhölzern sind Hickory- und Vanillenoten tatsächlich vorhanden, im Duft der Nadeln findet man Orangenaspekte. Hier werden diese Nuancen kunstvoll überhöht. *Sonja Rykiel* (1994) wirkt durch die Betonung der Zitruselemente in der Kopfnote lebhaft, rassig und temperamentvoll. *Just me* (Montana 1997) ist ein charaktervoller Duft, sehr haftend, der die Haltung »Hier steh' ich, ich kann nicht anders.« auszudrücken scheint. *Jungle Tigre* (Kenzo 1997), wird im Vital Duft-Dossier[6] als ein »aufregender Wechsel zwischen Wildheit und Sanftmut« beschrieben. In *Theorema* (Fendi 1998) wird der Kontrast zwischen der kühl-würzigen Wacholderkopfnote und dem Fond mit der intensiven Süße von Nussgebäck fast zum Widerspruch. *Jil* (Jil Sander 1997) behält, bei aller süßen Wärme des Nachgeruchs, den Touch nordischen Understatements, der allen Parfums aus dem Hause dieser Designerin zu eigen ist.

Ganz rechts in diesem Feld liegen einige Parfums, die im Hinblick auf die Ankerpunkte der Landkarte »wenig blumig« und »sinnlich« jedenfalls in diese Ecke gehören, sich aber von den anderen Parfums in diesem Feld deutlich abheben. Es sind *Musk Oil for Women* (Jovan 1971) und *Extase Moschus* (Muelhens 1976) – Parfums, die hier stellvertretend für eine ganze Reihe von Moschusdüften stehen, die in den 70er und 80er Jahren im Zuge des Hippie-Trends überaus beliebt wurden. Diese Kompositionen werden durch Moschus-Riechstoffe bestimmt, die eine eigenartig schwebende Wärme besitzen, fast mehr ein Gefühl als ein Duft.

Manche empfinden sie als überaus sinnlich, andere als eher frisch und sauber – für manche riechen sie sehr stark, andere nehmen sie kaum wahr (Vorsicht! Das passiert oft denjenigen, die sie ständig verwenden!). In ihrer kompromisslos eindimensionalen Ausprägung stehen diese Parfums isoliert in der Ecke der Landkarte. Andererseits aber finden wir den Moschuskomplex als Basisnote deutlich ausgeprägt in blumigen Parfums wie *Noa* in Feld B1, *Trussardi Light Her* (B3) und *Escada Acte 2* in Feld C2, *Trésor* in Feld B3, *Venezia* in B4 und in der Chypre-Variation *Geoffrey Beene* in Feld D2. Auch in *Samsara* (Guerlain 1989) mit seinem warmen Sandelholzduft spielt Moschus eine wichtige Rolle.

Mit den übrigen Düften in diesem Feld treten wir in den Bereich des Patchouliöls* ein, der sich rechts in der Landkarte bis in Feld D2 hinauf ausdehnt und auch in die benachbarten Felder C3 und C2 ausstrahlt. Mit seiner kernigen, krautig-kampferig-holzigen Note verleiht dieses Öl den Parfums, in denen es in höheren Dosierungen eingesetzt wird, eine unverkennbare Kraft und lebhafte Ausstrahlung, die die Parfümeure zu immer wieder neuen Kombinationen angeregt hat. Hier, im tiefen Süden der Karte, wird es mit ambré und würzigen Noten zu Kreationen von großer Haftung und warmem Glanz vereint wie *Dioressence* (Dior 1970), *KL* (Lagerfeld 1982), *Lancaster* (1986) und *Rodier* (1998). *Kenzo Jungle (Elephant)* (1996) hat mit den Gourmand-Parfums Vanille- und Karamelaspekte gemeinsam, hebt sich aber durch seinen klaren Patchouliakzent von diesen ab.

D3

Rechts unten zwei historisch bahnbrechende Kreationen, die aus der Verbindung von Patchouliöl mit würzigen Noten, umrankt von frischen und blumigen Akzenten leben. *Youth Dew*, der Duft, mit dem Estée Lauder 1952 ihren Erfolg in den USA begründete und der anfänglich, als hochkonzentriertes Badeöl, wegen seiner Ausstrahlung und Haftung Geheimtipp der Stewardessen und Chefsekretärinnen war. Und, ganz nahe, *Opium* (Y. St. Laurent 1977), der französische Sensationserfolg der späten 70er Jahre. Werbung und Name stellen *Opium* als provokant-sinnlich dar, doch in »Blindtests« beschreiben Testpersonen, die nicht wissen, was sie riechen, den Duft durchweg als frisch und sportlich.

Werden diese Noten noch allgemein als »orientalisch« eingestuft, so gehören die übrigen Parfums in diesem Feld, wie auch die Mehrzahl der Kreationen in den Feldern C3, D2 und C2, zur großen Familie der »Chypres«*.

Ysatis (Givenchy 1984) und *Montana Parfum de Peau* (1990) vereinen eine intensive, abstrakt-blumige Hauptnote mit einer trockenen, animalischen Nuance, die an der Haut mancher Frauen eine faszinierende Ausstrahlung hat, während andere sie überhaupt nicht tragen können. *Parfum de Peau* ist energiegeladen wie das weiße Licht eines Scheinwerfers, bestimmt kein Parfum für schüchterne Frauen. *Ysatis* ist kühler und mehr gesittet, in den Worten von Luca Turin ein Duft wie eine schöne, romantische Frau von 30 Jahren, die ihre langen dunklen Haare in einem Knoten trägt.[10] *White Diamonds* (Elizabeth Taylor 1991) setzt die romantisch-erotische Ausstrahlung der Filmschauspielerin in Duft um, für all jene, die sie immer lieben werden.

Knowing (Estée Lauder 1988) bringt seinen blumig-animalischen Grundakkord mit einer honig-karamelartigen Note zu harmonischem Ausgleich. *Yohji* (Yohji Yamamoto 1997) hat durch eine metallisch-ananasartig grüne Note eigenwilligen Charakter, im Nachgeruch herrscht die Wärme des Ambréakkords.

Bei zwei weiteren Chypres ist das animalische Moment nur im Hintergrund vertreten: das aristokratisch geschmackvolle *Eau du Soir* (Sisley), das mit einem vollen Zitrusakkord einlädt und pudrig ausklingt, und das abstrakte *Aromatics Elixir* (Clinique 1972), der seltene Fall eines Parfums, das ganz ohne Werbung zum Welterfolg und Evergreen wurde; ein Duft von großer Präsenz, doch ohne Schwere, raffiniert und komplex, mit vollkommener Charaktertreue vom Moment des Auftragens an bis zum Verklingen nach vielen Stunden. *Paloma Picasso Mon Parfum* (1984) interpretiert einen ähnlichen Grundakkord wie *Aromatics Elixir*, nur runder, organischer, üppiger, aber auch weniger charaktervoll.

In *Magie Noire* (Lancôme 1978) bildet Patchouli die Scharniere zwischen einem süß-pudrigen Akkord, der anfänglich dominiert, und einer später vorherrschenden erdig-grünen Note, so als zöge man eine Pflanze aus feuchter Erde. Der Duft changiert magisch zwischen diesen kontrastierenden Elementen.

Auch zwei Parfums aus den Nachkriegsjahren, die man heute noch in gutsortierten Parfümerien findet, fallen in dieses Feld. *Ma Griffe* (Carven 1946) und *Miss Dior* (Dior 1947) verkörperten den revolutionären »New Look« ihrer Tage. Es sind Kreationen von lebhafter Ausstrahlung und kompromissloser Originalität, deren zentrales Thema im Kontrast zwischen einem stabilen trockenholzigen Komplex und einer schwebend-femininen Aldehydnote* liegt. *Ma Griffe* besitzt zudem eine Kopfnote, die an Melisse erinnert und schweißig-zimtige Komponenten im Fond, *Miss Dior* grün-erdige und ananasähnlich fruchtige Töne. Ein ähnliches Kontrastspiel, jedoch in mehr blumiger, gefälliger Abwandlung finden wir bei *Jil Sander Bath and Beauty* (1981) und *Moments* (Priscilla Presley 1990). Im Geiste mit den »New Look«-Parfums verwandt ist auch *Féminité du Bois* (Shiseido 1992), ein schillernder Akkord aus Zedernholz, Iriswurzel und Veilchenblättern, zweifellos eines der originellsten Parfums dieses Jahrzehnts.

D2

Hier sind wir im Bereich der leichteren, kühleren Chypres, sport-lich-elegante Kreationen, die sich für die Karrierefrau und für das Wochenende auf dem Lande besonders eignen. Das harmonische Verschmelzen kontrastierender Elemente verkörpert hier Selbstsicherheit und Gelassenheit.

Givenchy III (1970), ein klassisches, diskretes Beispiel dieses Typs, und *Jil Sander Woman III* (1986) sind blumig-elegant, *Parfum privé* (La Perla 1997) gewinnt durch eine krautig-fruchtige Kopfnote Verve und Biss, *Escada Sport Country Weekend* (1998) ist trocken und kühl und *Chevignon 57* (1999) haftend, mit einem animalischen Touch. *Geoffrey Beene* (1998) klingt aus in einer schönen Moschusnote. Auch das trocken-blumige *Jean-Louis Scherrer* (1980), ein Duft von zurückhaltender Eleganz, gehört zu dieser Gruppe, sowie das sportlich-beschwingte *Armani Le Parfum* (1982). *Cabochard* (Grès 1959) wurde, mit seiner ledrigen Nuance, Vorbild für den großen Erfolgsduft für Herren der 70er Jahre, *Aramis*, und damit indirekt für eine Reihe weiterer Herrenparfums.

Eau Dynamisante und *Aqua Relax* wurden zusammen mit anverwandten Produkten in Feld C1 auf Seite 75 besprochen.

C2

Rechts oben in diesem Feld zwei Parfums wie sie unterschiedlicher kaum sein könnten, obwohl sie alle beide in diese Region der Landkarte »gehören«. Das sehr französischen *Diorella* (Dior 1972), ein Parfum im organischen Stil (siehe Seite 135), verbindet die Frische der Zitrone und Melone mit den Noten »überreifer Früchte und Schnittblumen« zu einem sehr originellen Duft von »etwas dekadentem Charme«.[11] *Diorellas* ebenso originelles amerikanisches Gegenstück aus dem gleichen Jahr ist *Alliage* (Estée Lauder

1972), »informell und energiegeladen«, ein linearer, direkter und sehr haftender Duft in der abstrakten Tradition.

In *Gucci No. 3* (1981) vereint sich ein heiterer Rose-Jasmin-Akkord mit einer bitterhopfenartigen Note und einer Nuance, die an frisch gewaschenes Haar erinnert, zu einem sehr tragbaren doch keinesfalls langweiligen Duft. *Escada Loving Bouquet* (1998) verdankt seinen individuellen Charakter einer feinen aromatischen Note von Estragon.

Vent Vert (Balmain 1945), lebhaft und jung, verbirgt sein blumiges Herz hinter einer herben grün-erdigen Fassade, die in der heute erhältlichen Fassung des Parfums leider weniger kompromisslos ist, als sie ursprünglich war. Mit dieser Betonung der grünen Note blieb es zunächst ein Einzelfall, bis der Erfolg von *Fidji* (in Feld A2) mehr als 20 Jahre später eine wahrhaftige grüne Welle auslöste, von der das spritzige, holzig betonte *Chanel No 19* (1970) sowie *Private Collection* und *Chamade* in Feld C3 zu den Zeugen gehören, die bis jetzt überlebt haben.

Das Konzept der grün-blumigen Parfums ist wieder hochaktuell, wahrscheinlich im Zuge der Entwicklung, die den ökologischen Gedanken fest im Bewusstsein unserer Zeit verankert hat. Davon zeugen nicht nur viele der Parfums in Feldern B1, C1 und B2, sondern auch eine Reihe von Düften hier in Feld C2: das leichtherzige *Cabotine* (Grès 1990), das den französischen Namen der Kapuzinerkresse trägt, *Safari* (Ralph Lauren 1990), warm, funkelnd und schwerelos, das raffiniert-natürliche *Tendre Poison* (Dior 1994) und *Escada Acte 2* (1995), das kühle Blumigkeit mit einer feinen Sesam-Moschus-Note im Fond vereint. *Wild Wind* (Gabriela Sabatini 1999) atmet die harte, abstrakte Ästhetik der Techno-Generation. Auch das mit seiner »Billigkeit« raffiniert provozierende *Cheap and Chic* (Moschino 1995) stellt eine abstrakt grüne Note in den Vordergrund.

Waren ab Ende der 60er Jahre Grünnoten das Mittel der Wahl, blumige Akkorde zu modifizieren, aufzuhellen und ihnen Leichtigkeit zu verleihen, so waren es in der Zeit zwischen 1921 und 1968 (zwei Jahreszahlen, die gewissermaßen für Kulturrevolutionen in der westlichen Welt stehen) die aldehydischen* Noten gewesen. Obwohl Aldehyde als Riechstoffe schon um die Jahrhundertwende verfügbar waren, kam ihr Durchbruch in der Parfümerie erst durch *Chanel No 5* (1921). Dieses Parfum schaffte mit seiner Verschmelzung eines blumigen Grundakkordes mit pudrigen Elementen und eben der aldehydischen Kopfnote einen Typus, der über Jahrzehnte der Inbegriff femininer Eleganz werden sollte.

Auch weniger exklusive Parfums orientierten und orientieren sich immer noch gerne an diesem Typus, so z. B. *Betty Barclay Woman 2* (1999). Einige wenige von diesen, darunter *Nonchalance* (Mäurer & Wirtz 1960), haben sich zu Evergreens entwickelt, wie ihr großes Vorbild. In den Luxusparfums *Madame Rochas* (1960), eine modernere Neuinterpretation des Themas von *Chanel No 5*, und *Calèche* (Hermès 1961) ist das pudrige Element stärker ausgeprägt.

Zwischen den »grünen« und den »aldehydischen« Parfums in diesem Feld liegen zwei bemerkenswerte, unter sich eng verwandte Parfums: *Calandre* (Paco Rabane 1968) und *Rive Gauche* (Y. St. Laurent 1970). *Calandre* stellt den Versuch dar, Rabanes Mode jener Jahre, die durch die Verwendung von Metall Aufsehen erregte, in Duft umzusetzen. Dabei entstand ein Parfum, in dem die Quadratur des Kreises mit neuartigen Mitteln wunderbar gelöst wurde: nämlich das Schaffen eines Duftes, der große Ausstrahlung und Haftung besitzt, doch aus der Nähe gerochen, eher zurückhaltend und diskret wirkt. *Rive Gauche* ist eine mehr extravertierte, jugendliche, populäre Umsetzung des gleichen Themas. *j'adore* (Dior 1999) variiert das Thema von *Rive Gauche* mit trocken animalischen und fruchtigen Akzenten und lässt ihn in einer schönen Rosennote ausklingen.

B2

Gehen wir in westlicher Richtung weiter, stoßen wir auf Parfums, in denen das blumige Element zunehmend vorherrscht. Die heutigen Fassungen von *Tosca* (Muelhens 1921) und *Arpège* (Lanvin 1927) sind weniger charakteristisch und interessant, als es die Originale waren. *Estée* (Estée Lauder 1968) läutete mit einem Grundakkord aus holzigen, himbeerartigen und Moschusnoten einen neuen Trend ein. *First* (Van Cleef & Arpels 1976) und *White Linen* (Estée Lauder 1978) sind feminin-elegante Kreationen, in denen die organische und abstrakte Parfumtradition verschmelzen. Luca Turin[12] beschreibt *First* als ein »blumiges Bankett für die Großleinwand, in dem alles reich gefärbt, gesättigt, detailliert und durchsichtig ist« und findet für *White Linen* die schöne Beschreibung:[13] »Es besitzt den refraktierten Glanz von Sonnenlicht auf Schnee.« Moderne Parfums, die diesen Trend fortsetzen, sind *True Love* (Elizabeth Arden 1994), das in der edlen, klassischen Tradition von *Joy* steht, *Dolce & Gabbana* (1993) mit krautigen Akzenten, das pudrige *Indian Summer* (Priscilla Presley 1996), »voller Wärme und Natürlichkeit«, *Le Baiser* (Lalique 1999), das pfeffrige Akzente setzt und im Fond die Moschusnote hervorhebt, und die leichten, sehr tragbaren Kreationen *Tribù* (Benetton 1993) und *Cerruti 1881 pour femme* (1995).

Nach oben hin finden wir Parfums aus den 90er Jahren, in denen das blumige Hauptmotiv nicht so sehr durch aldehydische, sondern durch fruchtige, grüne oder würzige Akzente variiert wird. *Weekend for women* (Burberrys 1997) ist grün-blumig und etwas würzig – ein romantischer, junger Duft. Das sinnlich-weibliche *Burberrys for Women* (1995) fügt der Rose pfirsichartig fruchtige Akzente und einen Moschus-Abklang hinzu; in *Baby Doll* (Y. St. Laurent 1999) wird sie durch Grapefruit, Pfirsich und Gewürze poppig variiert. *5th Avenue* (Elizabeth Arden 1996) ist leicht und beschwingt, ein Jasminakkord mit grünen Akzenten. *Dalissime* (Dalí 1994) und *Le Monde est Beau* (Kenzo 1997) wirken durch grüne und fruchtige Nuance jugendlich und heiter, *Ocean Dream* (Giogio of Beverly Hills 1996) weckt mit einer Marine-Note Erinnerungen an südliche Strände.

B3

Machen wir nun einen kleinen Sprung in wärmere Gefilde, so finden wir in Feld B3 Parfums, die ihr blumiges Hauptmotiv mit unterschiedlichen Nebenthemen variieren und sich dabei durch Wärme und Sinnlichkeit, aber zugleich auch durch Eleganz und eine gewisse Zurückhaltung auszeichnen.

Links oben drei Kreationen, die sich den reifen, »großen«, anspruchsvollen Bouquets um *Joy* anschließen: *Donna Karan* (1992) mit würzigen Akzenten, *Sublime* (Patou 1992) mit aldehydisch-grüner Kopfnote und Ambréfond, *Bvlgari* (1994) mit fruchtigen Aspekten. In den Parfums rechts oben treten holzige Begleitnoten und die Moschusnote im Fond stärker in den Vordergrund: im abstrakten, etwas distanzierten *Trésor* (Lancôme 1990), im beschwingten *Tocadilly* (Rochas 1997), mit warmen Fruchtaspekten im Fond, und im pudrigen *Eternity for Women* (Calvin Klein 1988). Es schließen sich einige Parfums an, die vom Rosenduft geprägt werden und in denen das holzige Element etwas weniger, die Moschusnote im Nachklang dagegen etwas mehr hervortritt: *Paris* (Y. St. Laurent 1983), dem eine flüchtige Veilchennote ein besonderes Gepräge verleiht, *Sculpture* (Nikos 1994), das die Melancholie einer fast verblühten Rose mit einer frischen Kopfnote von Zitrusfrüchten und kühl-erdigen Nuancen vereint, *Venezia*

Pastello (Laura Biagiotti 1995), kühl-grün in der Kopfnote, und *Trussardi Light Her* (1999), in dem der Moschusfond in seiner süßen Weichheit an Sesamsamen erinnert.

Im Herzen von Feld B3 liegen zwei Parfums, die ganz unterschiedliche Elemente etwa gleich stark ausgeprägt enthalten. *Allure* (Chanel 1996) wirkt durch seine sechs Facetten – die frisch-fruchtige Mandarine, den blumigen Jasmin, die phantasievollen Blütennoten von Magnolie, Geißblatt und Seerose, das holzige Vetivert und die orientalische Vanille – klassisch, edel und unaufdringlich. *Contradiction* (Calvin Klein 1997) will durch das Betonen der Kontraste zwischen den Hauptakkorden (anregend spritzig durch Eukalyptus, Pfefferblüte und weißen Flieder; feminin durch den klassischen Mix aus Maiglöckchen, Jasmin und Rose; fest und selbstsicher durch Tonka, Atlaszeder und Sandelholz) dem provokant Widersprüchlichen der Frau von heute gerecht werden, kann aber zugleich in seiner stromlinienartigen Einheitlichkeit seinen amerikanischen Ursprung nicht verleugnen. *Maroussia* (S. Zaitsev 1992) vereint einen klassisch-blumigen Akkord mit einer kühl-erdigen Kopfnote und warm-fruchtigen und exotisch-balsamischen Nuancen zu einem Bouquet, das den opulenten Glanz des alten Russland spiegelt. *Vanderbilt* (1981) ist ein sehr harmonisches Evergreen von zurückhaltender Eleganz mit charakteristischem pudrig-blumigen Charakter. In *Anna Sui* (1999) entfaltet sich ein ähnlicher Grundakkord, im ironischen Spiel mit halbseidenen Reizen, zu einem üppig-exotischen Dufterlebnis.

C3

Die Parfums dieses Feldes sprechen mit ihrer Ausstrahlung und Haftung und mit ihrem unverkennbaren Charakter selbstbewusste, im Umgang mit Parfums erfahrene Frauen an. Fruchtige Elemente spielen in vielen von ihnen neben blumigen Akkorden, holzigen Nuancen und einem haftenden, warmen Fond eine wichtige Rolle. In *Tentations* (Paloma Picasso 1996), vereinen sich Noten, die an Kirschen und Stachelbeeren erinnern, mit einem blumigen Hauptakkord und einem zimtigen Fond zu einem verführerischen Duft. *Jaipur Saphir* (Boucheron 1999) wirkt, durch Pfirsich, Kardamon und balsamische Akzente, zugleich herber und exotischer. *Iceberg Universe* (1997), kühl-blumig im Angeruch, klingt in einer warmen Vanillenote aus. Im lebensfreudigen *Good Life Woman* (Davidoff 1999) verbindet sich ein voller, klassischer Blütenakkord mit Akzenten von Pflaumen, Datteln und Feigen und einer Zitruskopfnote. Im melodischen *Vocalise* (Shiseido 1999) begleitet nach einer frisch-fruchtigen Kopfnote eine Pfirsichnote das Thema von Rosen und Maiglöckchen; der Fond ist holzig und sinnlich mit Vanille und Moschus. *Private Collection* (Estée Lauder 1973) verdankt seinen einzigartigen Charakter einer ledrigen Nuance.

Das Variieren des Chypre*-Grundtyps durch eine langhaftende Pfirsichnote blickt auf eine lange Tradition in der französischen Parfümerie zurück. Wir finden diese Note bereits im klassischen *Mitsouko* (Guerlain 1919), dann stark ausgeprägt in *Femme* (Rochas 1944), das heute allerdings in einer mehr zurückgenommenen Fassung im Handel ist, diskreter im eleganten *Y* (Y. St. Laurent 1964), im beschwingten *Deci-Delà* (Ricci 1994) und im leidenschaftlichen *Gucci Rush* (1999). *Dolce Vita* (Dior 1995) setzt die Maraschino-Kirsche an die Stelle der Pfirsichnote, betont im blumigen Akkord eine Note von Rosen, kurz vor dem Verwelken und schafft so einen schönen reifen, nostalgischen Duft.

Bei den Parfums links in diesem Feld treten die fruchtigen Elemente weniger in den Vordergrund. Mit aldehydischen Akzenten lehnen sich diese Düfte mehr an die Tradition von *Chanel No 5* an. *Chamade* (Guerlain 1969) ist ein Parfum, in dem sich die organische Rundheit der französischen Tradition mit einem unverkennbaren, langhaftenden Charakter und großer Ausstrahlung verbindet; in der Kopfnote gibt sich die Vorliebe der späten 60er Jahre für grüne Noten zu erkennen. *Scherrer 2* (1986) mit trocken-pudrigen Nuancen wirkt anfänglich zurückhaltend – dann bricht der warme Ambré-Grundton durch wie ein Lächeln. Auch *Gabriela Sabatini* (1989) gibt seine Wärme erst preis, nachdem eine kühle Jasmin-Tee-Note verklungen ist. In *Salvador Dalí* (1986) werfen Akzente von Weihrauch und Myrrhe geheimnisvolle Schatten. In *Emporio She* (Armani 1998), ein Rosen-Orangenblüten-Akkord mit trockenen und würzigen Akzenten und einem Hauch von Vanille, lebt die Atmosphäre eines herrschaftlichen englischen Landhauses. *Gai Mattiolo* (1997) umgibt einen Rose-Jasmin-Akkord mit herb-grasigen und trocken-holzigen Kontrastnoten, der Ausklang ist zimtig-balsamisch.

Am Ende unseres Streifzuges sind wir nun rechts in Feld C3 wieder im Reich des Patchouli angelangt, bei drei Parfums der 80er Jahre, die ihre temperamentvolle Ausstrahlung dem Kontrast zwischen einem üppigen Blütenakkord und der streng-krautigen Patchoulinote verdanken: das fast schon klassische *Coco* (Chanel 1984) dem Luca Turin »die sehr pariserische Eleganz von kostbaren Stoffen und Pailletten«[14] zuschreibt; das exotisch-würzige *Diva* (Ungaro 1983) und das lebhafte, pikante *Moschino* (1987).

Die Landkarte in Ihrem Kopf

Zählt man alle Parfums, die heute in deutschen Parfümerien und Kaufhäusern, Drogeriemärkten und Supermärkten angeboten werden, zusammen, so kommt man allein bei den Damendüften auf über 1000. Zählt man noch die Duftdeos dazu, und die Parfums, die nur über den Direktverkauf, den Postversand, oder im Internet zu beziehen sind, wird die Zahl schwindelerregend. Wollte man sie alle berücksichtigen, brauchte man anstelle einer Landkarte einen Atlas der Parfums. Ich habe versucht, die Mehrzahl der Parfums im Duftberater aufzunehmen, die im Sommer 1999 in den größeren deutschen Parfümerien und Kaufhäusern geführt wurden. Weniger gängige Parfums und solche, die vornehmlich in anderen Verkaufskanälen angeboten werden, werden Sie vergeblich suchen.

Auch viele Parfums, die Sie auf Ihren Auslandsreisen finden, sind hier nicht vertreten. Und wenn Sie dieses Buch lesen, gibt es bestimmt schon neue Parfums, die ich beim Verfassen nicht berücksichtigen konnte. Die Welt der Düfte ist so vielfältig und lebendig, dass an Vollständigkeit nicht zu denken ist.

Haben Sie aber einige Zeit mit der Landkarte gearbeitet und Düfte, die Sie darin gefunden haben, versucht und verwendet, so werden Sie die Einordnung der Düfte immer selbständiger nachvollziehen können. Sie werden sich beim Schnuppern an einem Duft, den Sie in der Karte nicht finden, Ihre eigene Meinung bilden, ob er kühl oder warm ist, blumig oder mehr würzig, und ob er vielleicht einem Duft ähnelt, den Sie schon in der Landkarte gefunden haben. Es wird auch der Tag kommen, an dem Sie über die Landkarte schimpfen, weil Sie finden, dass der eine oder andere Duft an der falschen Stelle steht.

Wenn Sie so weit sind, haben Sie die Landkarte »in der Nase« oder, wenn Sie so wollen, »im Kopf«. Dann sind Sie zum Parfumkenner avanciert und die Welt der Düfte verwirrt Sie nicht mehr wie einst. Sie sind bei Ihren Abenteuern mit schönen Düften nicht mehr auf Beratung angewiesen, Sie können sogar Ihre Freundinnen beraten. Und Parfums bereiten Ihnen tieferen Genuss als Sie jemals geträumt hätten.

Fragen
zum
Tragen

Die Arten der Duftprodukte

*S*ie schaffen Ihre Duftaura durch die Wahl Ihres Parfums und durch die Weise, wie Sie es verwenden. Wirkt es mutig oder intim, offen oder geheimnisvoll, haftet es lange? Das alles hängt vom Parfum ab, aber auch davon, wie und wie reichlich Sie es verwenden und welche Art Sie benutzen: das *Parfum* oder das *Eau de Toilette*, das *Eau de Parfum* oder das *Spray Cologne*?

Alle diese Arten bestehen im wesentlichen aus Parfumkonzentrat, Alkohol und Wasser. Sie unterscheiden sich in den Mengenverhältnissen dieser drei Hauptbestandteile. Bisweilen werden Kleinstmengen von Farbstoffen und Antioxidantien zugesetzt, doch diese beeinflussen den Duft nicht. Leider ist es um die Bezeichnungen der verschiedenen Arten recht verwirrend bestellt, denn sie werden in verschiedenen Ländern unterschiedlich gehandhabt. Außerdem haben sich die Gepflogenheiten im Laufe der Zeit geändert.

Am konzentriertesten und intensivsten sind die Düfte, die französisch als *Parfum* oder englisch als *Perfume* bezeichnet werden; eine weitere, etwas veraltete Bezeichnung für die gleiche Form ist *Extrait*. Sie werden in kleinen Flakons angeboten, die zumeist 7 ml oder 15 ml (in Amerika entspricht dies ¼ oz. bzw. ½ oz.) enthalten. Der Anteil an Duftkonzentrat liegt hier üblicherweise zwischen 20 und 30 Prozent, bei Parfums, die seit 1970 auf den Markt gekommen sind, gelegentlich noch höher. Das *Parfum* ist die kostbarste Form eines Duftes, man verwendet dafür die raffinierteste Packung, den exquisitesten Flakon. Sein Duftöl enthält oft besonders hohe Anteile der teuersten natürlichen Blütenessenzen, die in den anderen Arten zum Teil durch Nachschöpfungen ersetzt werden. Diese Nachschöpfungen kommen den natürlichen Vorbildern allerdings in ihrem Duft so nahe, dass nur geübte Nasen den Qualitätsunterschied entdecken. Das *Parfum* ist das edelste Geschenk, das Statussymbol par excellence, und das Flaggschiff der Duftserie.

Mit der Bezeichnung *Parfum* fängt die Verwirrung der Begriffe schon an, weil ja im normalen Sprachgebrauch das Wort »Parfum« oft für Duft ganz allgemein, nicht nur für die konzentrierteste Form, benutzt wird. Ich folge diesem Brauch auch in diesem Buch, habe aber versucht, Unklarheiten dadurch zu vermeiden, dass ich, wenn ich speziell die konzentrierte Form meine, das Wort *Parfum* kursiv schreibe.

Das *Eau de Parfum* ist die zweitstärkste Art; hier liegt der Duftölanteil normalerweise zwischen 15 und 25 Prozent. Einige Hersteller wandeln diese Bezeichnung ab, zum Beispiel in *Parfum de Toilette* oder (bei Dior) in *Esprit de Parfum*. Rochas bietet neben dem *Eau de Parfum* das noch konzentriertere *Eau de Parfum Intense* an. Das *Eau de Parfum* und seine Varianten sind optimal für die Frau, die regelmäßig einen Duft verwendet und Wert darauf legt, dass er »wirkt«, dass er haftet und Ausstrahlung hat.

Es folgt das *Eau de Toilette* mit einem Duftölanteil, der üblicherweise zwischen 10 und 20 Prozent liegt. Hier wie überall gibt es seit etwa 1970 einen Trend hin zu höheren Konzentrationen. Die gleiche Bezeichnung wird auch häufig bei Herrendüften verwendet. Dort liegen die Duftölkonzentrationen etwas niedriger, etwa bei 6 bis 12 Prozent, ebenfalls mit steigender Tendenz bei den neueren Marken. Bedingt durch den geringeren Konzentratanteil wirkt das *Eau de Toilette* diskreter, leichter als das *Eau de Parfum* und das Parfum. Oft wird diese Wirkung noch durch Änderungen in der Zusammensetzung des Konzentrats verstärkt: Der Anteil der leichteren, frischeren Duftkomponenten wird angehoben und der der warmen und besonders haftenden zurückgenommen.

Die Bezeichnung *Eau de Cologne* findet man heute vornehmlich bei den Herrendüften. Sie ist hier gleichbedeutend mit *Eau de Toi-*

lette. Vereinzelt verwendet man sie auch bei Düften für Damen; hier bezeichnet sie die leichteste Form des Duftes. Im Bereich der Unisex-Düfte wird der gleiche Ausdruck für Erfrischungswässer mit frischem, citrusbetontem Duftcharakter verwendet.

Bei Düften, die aus den USA stammen, wird häufig der Ausdruck *Cologne* verwendet. Hier bezeichnet er eine Konzentration, die normalerweise zwischen 12 und 25 Prozent liegt und dem französischen *Eau de Parfum* oder *Eau de Toilette* entspricht. Bei *Men's Cologne* liegt die Konzentration weniger hoch, meist zwischen 7 und 12 Prozent. (Nach der deutschen Rechtslage wird die Bezeichnung *Cologne* allerdings als Hinweis auf die Stadt Köln verstanden und nicht als Kurzbezeichnung für *Eau de Cologne.*) Weil die Amerikanerinnen großen Wert auf starke Haftung und intensive Duftausstrahlung legen, finden Sie unter den *Colognes* amerikanischen Ursprungs besonders intensive Düfte.

In der französischen Parfümerie gibt es auch Duftwässer, die schlicht mit *Eau* bezeichnet werden. Von diesen Düften gibt es allerdings nur diese eine Form, also kein entsprechendes *Parfum* oder *Eau de Parfum.* Eau ist Teil des Namens, wie zum Beispiel in *Eau de Rochas* oder *Eau Sauvage*; in *Ô de Lancôme* nimmt es eine eigenwillige Schreibweise an. Diese *Eaux* haben üblicherweise die Konzentration eines leichten *Eau de Toilette.* Sie sind frisch und vor allem für die Verwendung tagsüber, nach dem Sport usw. bestimmt.

Zu erwähnen wäre noch die *After Shave Lotion*, meistens verkürzt *After Shave* genannt, in Frankreich *Après Rasage.* Diese leichteste Form, mit Duftölkonzentrationen von 2 bis 4 Prozent, gibt es selbstverständlich nur bei den Herrendüften.

Neben diesen als Flüssigkeit aufzutragenden Produktformen sind die entsprechenden Sprays immer beliebter geworden. Sie können nicht auslaufen, und der Duft entfaltet sich beim Aufsprühen schneller als beim Auftragen des flüssigen Produktes. Allerdings muss man bisweilen beim Spray aus technischen Gründen auf Feinheiten im Flakondesign verzichten, die beim flüssigen Parfum möglich sind.

Innerhalb einer Duftserie haben die stärker konzentrierten Formen, Tropfen für Tropfen, eine höhere Intensität und längere Haftung als die weniger konzentrierten. Das bedeutet aber nicht, dass sie in der Anwendung unbedingt intensiver und haftender zur Geltung kommen, weil man ja die verschiedenen Formen auch unterschiedlich benutzt. Vom kostbaren *Parfum* im kleinen Flakon verwenden Sie fast unwillkürlich weit weniger als vom *Eau de Parfum* oder vom *Eau de Toilette* im größeren Flakon mit der größeren Öffnung. Das *Spray* regt zur besonders großzügigen Verwendung an. Frauen, die ihren Duft gerne intensiv tragen, verwenden meistens nicht das *Parfum* sondern das *Spray Cologne* oder das *Eau de Parfum Vaporisateur* oder *Atomiseur*.

Die Duftserien

Von den meisten Parfums gibt es neben den flüssigen Formen und den Sprays noch eine ganze Reihe anderer Produkte: Deodorants, Seifen, Körperlotionen, Puder, Schaumbad und anderes mehr. Wenn man einen Duft liebt, ist es schön, sich mit Produkten zu umgeben, die diesen Duft tragen. Dabei spielen Deodorant, Körperlotion und Puder eine besondere Rolle, denn sie bleiben auf dem Körper, und ihr Duft ist oft recht intensiv.

Die Deodorants sind zwar funktionelle Produkte, aber sie werden oft hauptsächlich wegen ihres Duftes verwendet, speziell die sogenannten *Parfum Deos, Deodorant Colognes* und ähnliches mehr; in Frankreich enthalten Produkte dieser Art oft gar keinen Deowirkstoff und wirken ausschließlich durch den Duft. Die *Par-*

fum Deos enthalten preisgünstigere Fassungen des Duftes der Serie. Sie bieten gleichzeitig Duft, Erfrischung und Hygiene und sind das moderne Gegenstück der klassischen *Eaux de Cologne*.

Neben den Deodorants, die Teil einer Duftserie sind, gibt es auch *Parfum Deos* beziehungsweise *Deodorant Colognes*, die für sich alleine stehen. Hier werden unter Markennamen wie *Impulse, Axe* oder *Limara* eine Reihe von Duftnoten angeboten, die oft mehr oder weniger deutlich von beliebten Luxusparfums inspiriert wurden. *Parfum Deos* stellen den preiswertesten Weg, einen Duft zu tragen, dar.

Die Körperlotion ist eine besonders schöne Ergänzung zum Duftwasser. Die in einer Lotion enthaltenen Öle und Emulgatoren bewirken, dass der Duft sich eng mit der Haut vereint und durch das Auftragen der Lotion am ganzen Körper entsteht eine Duftaura, die eine klare Präsenz hat, ohne aufdringlich zu wirken. Das Ritual des Eincremens nach dem Bade und das Wissen, dass der ganze Körper in Duft gehüllt ist, machen das Verwenden einer feinen Körperlotion zum besonders genussvollen Erlebnis.

Badeöle sind zwar in erster Linie für das Badewasser bestimmt, aber man kann sie auch direkt auf die Haut auftragen. Der Duft kommt so noch intensiver zur Geltung als bei der Körperlotion, weil die Duftölkonzentration im Badeöl sehr hoch ist. *Youth Dew*, das erste Erfolgsparfum von Estée Lauder, gab es über viele Jahre gar nicht als Parfum oder Cologne, sondern nur als Badeöl. Es war ein Geheimtip unter den amerikanischen Stewardessen und Sekretärinnen, dass man sich mit diesem Öl bei sehr erschwinglichem Kostenaufwand wunderbar intensiv parfümieren konnte. Auch *Dioressence* war ursprünglich ein Badeöl.

Gesichts- und Körperpuder spielten zu Anfang unseres Jahrhunderts eine ganz wichtige Rolle als Duftträger. Seitdem sind sie in dieser Rolle weitgehend in Vergessenheit geraten, doch gibt es neuerdings Anzeichen einer Renaissance. Man hat Puderformulierungen entwickelt, die einen Duft auf der Haut besonders fein und wirkungsvoll zur Geltung bringen.

So schön es ist, von einem Duft, den man liebt, die ganze Serie einzusetzen, vom Eau de Parfum bis hin zur Seife und zum Schaumbad, man ist in der Praxis oft nicht so konsequent; neben dem Duftwasser verwendet man ganz unterschiedliche Marken von Körperpflegeprodukten, die alle ihren eigenen Duft haben. Ich bin oft gefragt worden, ob das nicht schlecht sei. Führt es nicht zu einem Duftmischmasch? Die Gefahr besteht tatsächlich. Aber Sie können sie weitgehend vermeiden, indem Sie bei Ihren Hygieneprodukten und Körperpflegemitteln Marken wählen, deren Duft nicht zu intensiv und zu haftend ist, und eher neutral als allzu charakteristisch. Die meisten modernen Qualitätsmarken entsprechen diesen Anforderungen.

Die Kunst, Duft zu tragen

Coco Chanel soll behauptet haben, man müsse das Parfum dort auftragen, wo man geküßt werden will. Die übliche, weniger provokative Empfehlung lautet: Trage den Duft an den Stellen auf, wo das Blut dicht unter der Hautoberfläche pulsiert, an der Innenseite des Pulses, hinter den Ohren, im Dékolleté.

Estée Lauder empfiehlt: »Bringe einen exquisiten Duft an die Körperstellen, die sich bewegen – das Innere des Ellbogens, die verletzliche, weiche Rückseite der Knie, den Puls, die Handfläche – und du wirst alle in deiner Nähe erfreuen.«[1]

Die natürliche Bewegung der Glieder bewirkt, dass sich der Duft von Moment zu Moment in seiner Ausstrahlung ändert. Das macht ihn lebendig.

Beverly Sassoon sagt: »Ich trage ein wenig Parfum in einem Bogen vom oberen Rand des Backenknochens (dort kann man den Pulsschlag spüren) über und hinter das Ohr auf, am Puls und an den Ellbogen, hinter den Knien, am Schenkel, zwischen und unter dem Busen. Bringe den Duft an den Stellen an, wo man schwitzt, dann bringt ihn der Körper allmählich zur Entfaltung.«[2] Sie empfiehlt: »Verwende Parfum, Cologne, Duftöl, jeden Duft gleich nach dem Bad, wenn der Körper noch warm und feucht ist. Er scheint dann besser und länger zu haften.«[3]

Cathérine Deneuve verwendet ihr Parfum »im Haar, im Genick, unter der Kleidung«.[4] Das Haar ist bei vielen Völkern, zum Beispiel in Polynesien und in Afrika, der bevorzugte Duftträger. Auch unsere Urgroßväter verwendeten hauptsächlich Haarwässer, Bartwichsen und Pomaden, um sich zu beduften.

Früher war es üblich, den Duft auf dem Taschentuch aufzutragen; die englische Bezeichnung für das Extrait war damals Handkerchief Perfume, Taschentuchparfum. Der alte Trick, einen duftgetränkten Wattebausch in den BH zu stecken, ist auch heute noch aktuell.

Mit einem Duftspray können Sie sich auch die Kleidung besprühen; vergewissern Sie sich aber erst, dass es keine Flecken hinterlässt. Auf Naturstoffen, vor allem auf Wolle, haftet der Duft weit länger als auf Synthetikfasern. In Pelz kann er über Monate zurückbleiben. Von Estée Lauder stammt eine bemerkenswerte Empfehlung: »Die beste Weise, einen Duft zu verwenden ist ... ihn vor sich in die Luft zu sprühen und dann hineinzugehen. Duft tragen ist wie die Liebe: Man darf nicht knauserig sein. Man muss sich voll und ganz geben, nicht ein wenig hier und da.«[5]

Sehen Sie sich beim Sprühen von Duft vor: Nehmen Sie erst Ihren Schmuck ab! Parfüms können den Glanz von Perlen, Bernstein und anderen Steinen verderben.

Die Verwendung auf dem Haar, auf der Kleidung oder dem Taschentuch ist besonders dann zu empfehlen, wenn Sie ein Parfum lieben, das sich nicht gut mit Ihrer Haut verträgt.

Beschränken Sie die Verwendung Ihres Parfums nicht auf Körper und Kleidung. Um Estée Lauder noch einmal zu zitieren: »Gebe abends ein paar Tropfen auf das Schlafkissen und du wirst nicht länger schlaflos sein. Bedufte die Glühlampen und deine Räume werden sich in einen Garten verwandeln. Lege die leere Parfumflasche zu deiner Unterwäsche und füge dem Spülwasser ein paar Tropfen Duft zu und du wirst von der untersten Kleidungsschicht an süß duften.«[6] Und natürlich: ein Tropfen auf dem Briefpapier gibt dem Empfänger das Gefühl, Sie ganz in seiner Nähe zu spüren. Dem Erfindungsgeist sind keine Grenzen gesetzt.

Mutig oder intim?

Es gibt in jeder Kultur ungeschriebene Regeln über die Distanz, die die Menschen je nachdem, wie sie »zueinander stehen«, zwischen sich wahren. Der amerikanische Anthropologe Edward T. Hall hat diese Regeln studiert;[7] auf Seite 111 finden Sie eine Tabelle der Distanzzonen, die er für die bürgerliche Klasse in den nordöstlichen Vereinigten Staaten in den sechziger Jahren gefunden hat. Zu einem Fremden »bewahrt man Abstand«, vor allem wenn er Autorität verkörpert. Wenn man sich besser kennenlernt, »kommt man sich näher«. Wenn einem ein Mensch aber »auf die Pelle rückt« oder gar »zu nahe tritt«, respektiert er den Wunsch nach Abstand nicht; das wird als störend empfunden. Die körperliche Berührung gesteht man nur einem Menschen zu, der »einem nahe steht«. Manchmal, vor allem im Gedränge der Großstadt, lässt sich eine Verletzung dieser Regeln nicht vermeiden, zum Beispiel im Fahrstuhl oder in einem vollen Bus.

Distanzen zwischen Menschen und was sie aussagen

Distanzzone	Grenzen	Aussage
Intim – Nah	weniger als 15 cm	Die Distanz der Liebe und des Ringens, des Trostes und des Schutzes
Intim – Fern	15 – 45 cm	Fremden gegenüber unschicklich, aufdringlich
Persönlich – Nah	45 – 75 cm	Die Schutzzone, die man zwischen sich und den Mitmenschen wahrt. Die Ehefrau darf innerhalb dieser Zone bleiben, aber eine andere Frau ...
Persönlich – Fern	75 – 120 cm	So weit lässt man Fremde an sich herankommen. Die Grenze der körperlichen Beherrschung (Armlänge).
Gesellschaft – Nah	1,20 – 2,10 m	Die Distanz zwischen Mitarbeitern und Teilnehmern an einem informellen Treffen.
Gesellschaft – Fern	2,10 – 3,70 m	Formelle gesellschaftliche oder geschäftliche Versammlung. Ohne grob zu sein, kann man den Kontakt meiden, wahren oder brechen.
Öffentlich – Nah	3,70 – 7,50 m	Außerhalb der Kontaktsphäre. Man spricht sich im formellen Stil an.
Öffentlich – Fern	mehr als 7,50 m	Die Distanz, die gegenüber wichtigen Persönlichkeiten gewahrt werden soll. Distanz zwischen Menschen, die sich fremd bleiben sollen.

Nach Edward T. Hall (aus »The Hidden Dimension«, Doubleday, New York 1969, Kap. 10).

Mit einem Duft, der über eine größere Distanz bemerkbar ist, sagen Sie aus, dass Sie Fremde auf sich aufmerksam machen wollen – ob Sie es so meinen oder nicht. Deshalb dürfen in konservativ geprägten Gesellschaften Frauen kein starkes Parfum tragen, und so war im viktorianischen Zeitalter eine Dame, die sich deutlich wahrnehmbar parfümierte, keine Dame. Dieses Tabu galt übrigens in Spanien bis in die jüngste Zeit.

Das hat möglicherweise auch zur Folge, dass ein stark ausstrahlender Duft auf einen Menschen, der Ihnen nahe steht, irritierend wirkt. Er fühlt sich als der nicht eigentlich Angesprochene; es ist, als ob Sie im persönlichen Gespräch mit ihm zu laut reden würden.

Dazu fällt mir ein Erlebnis aus alten Zeiten ein. Ich hatte eine schöne Frau kennengelernt und interessierte mich für sie. Bei unserem nächsten Treffen war es offensichtlich, dass das Interesse gegenseitig war. Sie hatte sich verführerisch gekleidet und trug Parfum. Leider so viel, dass der schwere, intensive Duft wie eine Mauer zwischen uns stand. Dieser Duft löschte in mir alles Verlangen nach ihr. Ich war zu jung und zu dumm, ihr den Grund meines merkwürdig distanzierten Verhaltens zu erklären, und sie verstand es natürlich nicht. Wir blieben Freunde, nicht mehr.

Es schwingt bei der Duftausstrahlung auch immer ein gewisser Herrschaftsanspruch mit. Das ist bei den Tieren, die »ihr« Territorium mit ihrem individuellen Duft markieren, klar erkennbar. Dieselbe Vorstellung steckt im Klischeebild des reichen Bankiers mit seiner dicken Zigarre, und das ist auch beim Parfum so. In manchen der von Männern dominierten Gesellschaften, in denen Frauen (vor allem verheiratete) keinen starken Duft verwenden dürfen, gehen die Männer viel freizügiger mit Duft um. Das war im viktorianischen Europa der Fall und das ist auch heute bei manchen afrikanischen Stämmen noch so.[8]

Die intensiv parfümierte Frau sagt mit ihrem Duft klar und deutlich: Hier bin ich! Dass diese selbstbewusste Geste nicht immer Freude auslöst ist ein weiterer Grund, weshalb ein intensives Parfum manchmal als irritierend empfunden wird. In den achtziger Jahren, als sich ein Trend zu extrem ausstrahlenden Parfums durchsetzte, wurde die Forderung laut, man solle für die Verwenderinnen dieser Parfums in den Flugzeugen gesonderte Abteilungen einrichten; das war nicht nur spaßhaft gemeint.

Die Frau, die ihr Parfum intensiv trägt, gibt sich selbstbewusst und couragiert. Die Frau, die es zurückhaltend trägt, gibt sich bescheidener. Allerdings kann sich hinter der Courage eines intensives Duftes eine Art der Zurückhaltung verbergen, und hinter einem subtilen Duft ein geheimes Werben und Locken. Denn das intensive Parfum tritt an die Stelle des Duftes Ihres Körpers; es überdeckt ihn wie eine Maske. Dadurch bietet es emotionalen Schutz: Sie geben sich nicht Preis, lassen niemanden zu nahe an sich herankommen. Ein subtiles Parfum ergänzt, wenn es das Richtige für Sie ist, den Duft und die Wärme Ihres Körpers, ohne diese ganz zu verbergen – dadurch wirkt es intimer, lockender.

Dass das gleiche Parfum an verschiedenen Frauen unterschiedlich wirkt, trifft vor allem dann zu, wenn es zurückhaltend getragen wird. Ein intensives Parfum wirkt auf jeder Haut fast gleich. Es betont das Modische und die gesellschaftliche Rolle, während das subtil verwendete Parfum das Persönliche und Individuelle hervorhebt.

Wenn Sie Ihren Duft deutlich bemerkbar tragen, wird man Ihnen dazu Komplimente machen. Tragen Sie es zurückhaltend, so wird man nicht Ihr Parfum, sondern Ihre Schönheit und Ihren Charme bewundern.

Fremde auf sich aufmerksam machen oder nahe Stehende still umschmeicheln; sich durchsetzen oder sich zurückhalten; sich hinter dem Duft verbergen oder ihn, wie die Werbung von *Ma-*

dame Rochas sagt, zur »Musik des Körpers« machen; modisch oder individuell wirken: Die Wahl liegt in Ihrer Hand! Dabei spielt selbstverständlich auch der Charakter Ihres Parfums eine Rolle. Manche eignen sich mehr dazu, intensiv getragen zu werden, andere eher zur intimen Verwendung. Das wird Ihnen beim Testen auf der Haut schnell deutlich werden.

Von Zeit zu Zeit werden Sie ein Parfum finden, das Ihnen die Wahl fast erspart; denn es gibt Duftkreationen, die eine große Ausstrahlung haben, ohne aus der Nähe zu intensiv zu wirken. Hierin liegt nach meiner Ansicht ein wesentliches Merkmal des hervorragenden Parfums.

In Italien besuchte ich einmal ein Kloster, in dem es in vielen der Zellen Fresken von Fra Angelico gibt. Vor mir war eine Frau gegangen. In manchen der Räume war ihr Parfum noch deutlich wahrnehmbar, in anderen gab es keine Duftspur; dort war sie offensichtlich nicht gewesen. Als wir uns beim Ausgang begegneten, war der Duft in ihrer Nähe kaum intensiver als in den Räumen, die sie längst verlassen hatte. Ich habe nie erfahren, welches Parfum sie trug, aber das Erlebnis bleibt mir unvergesslich.

Andererseits werden Sie auch auf Parfums treffen, die Ihnen beim ersten Anriechen gut gefallen, doch bei denen Sie nie die richtige Dosierung finden. Sie wirken auf Ihrer Haut immer entweder zu stark oder zu schwach. Verwenden Sie solche Parfums besser nicht; sie passen nicht zu Ihnen.

Wie viel Parfum man verwenden soll, hängt immer auch vom Anlass ab und von der Umgebung, in der man sich befindet. In großen Räumen soll man mehr Parfum verwenden als in kleinen. Es ist kein Zufall, dass in Japan, wo die Menschen auf engem Raum zusammenleben, starke Düfte verpönt sind. Sie wissen selbst, wie aufdringlich ein Parfum im Auto oder im Fahrstuhl wirken kann. Andererseits darf man in warmen Ländern, wo sich das gesellschaftliche Leben oft im Freien oder in Räumen mit offenen Fenstern abspielt, nicht zu sparsam mit Parfum umgehen. Verwenden Sie morgens weniger Parfum als abends; wir sind früh am Tag gegen starke Reize empfindlicher als später am Abend.

Zu Anlässen, bei denen das Essen im Mittelpunkt steht, empfiehlt es sich, nicht zu viel Parfum zu verwenden. Wenn das Parfum der Tischnachbarin den Duft der Speisen überdeckt, empfindet man das als unerfreulich, es sei denn, die Nachbarin ist so reizvoll, dass man ihr alles verzeiht.

Auch zu sportlichen Anlässen sollten Sie sich mit der Verwendung von Parfum zurückhalten. Nicht nur, dass das Parfum auf der von körperlicher Aktivität erwärmten Haut besonders intensiv zur Geltung kommt – Sport und intensiver Parfumduft passen auch psychologisch schlecht zusammen.

Tücken der Nase

Haben Sie schon einmal bei einem Parfum, das Sie seit längerem verwendet haben, das Gefühl gehabt, es hätte seinen Duft verloren? Hat man Ihnen schon einmal gesagt, Ihr Parfum sei sehr stark, und Sie hatten selbst nichts davon gemerkt?

Das sind ganz natürliche Folgen einer Eigenart des Geruchssinnes, die jeder Parfumverwenderin bekannt ist: Man nimmt nach einiger Zeit das eigene Parfum nicht mehr oder kaum noch wahr.

Diese Tücke macht sich beim Versuch, das eigene Parfum richtig zu dosieren, unangenehm bemerkbar, aber sie entspricht einer biologischen Notwendigkeit. Der Geruchssinn ist ein Jagdsinn und ein Warnsinn. Er versetzt uns in die Lage, auf Änderungen in unserer Umgebung, auch wenn sie unsichtbar und unhörbar sind, sehr feinfühlig zu reagieren. Das setzt aber voraus, dass wir die

Gerüche, von denen wir ständig umgeben sind, aus der Wahrnehmung ausklammern. Beim Geruchssinn gibt es zwei Formen des Ausklammerns: die Kurzzeit- und die Langzeitadaptation.

Die Kurzzeitadaptation, die schon nach wenigen Atemzügen eintritt, kann bewirken, dass Sie Ihr Parfum bald nachdem Sie es aufgetragen haben kaum noch wahrnehmen. Sie meinen, es haftet nicht – doch das entspricht vielleicht gar nicht den Tatsachen.

Auch der Eindruck, dass sich ein Parfum nach dem Auftragen schnell im Charakter ändert, beruht zumeist auf einer Täuschung. Diese tritt vor allem beim Versuch auf, das Parfum durch einen Kraftakt schnellen, intensiven Schnupperns kennenzulernen. Einen Duft zu erforschen braucht ruhige Konzentration und Geduld.

Durch die Langzeitadaptation können Sie von einem Parfum, das Sie täglich verwenden, mit der Zeit den Eindruck bekommen, es werde schwächer, und Sie benutzen unwillkürlich immer mehr und schließlich zu viel. Oft haben Frauen mir von einem Parfum gesagt:»Ich finde es zwar sehr schön, aber es hält sich nicht. Wenn die Flasche halb leer ist, riecht es fast nicht mehr.« Das ist reine Illusion, Adaptation.

Manchmal kommt es bei sensiblen Frauen auch zur entgegengesetzten Fehleinschätzung. Die Befürchtung, aufdringlich zu wirken, macht sie für ihr Parfum überempfindlich, und sie verwenden so wenig, dass es kaum zur Geltung kommt.

Aus der Unzuverlässigkeit der Nase ergibt sich die letzte der goldenen Regeln: *Verwenden Sie zu viel oder zu wenig? Trauen Sie dem eigenen Empfinden nicht. Hören Sie auf Ihre Freunde!*

Warten Sie dabei nicht auf spontane Kommentare. Ist Ihr Duft zu stark, so will man Sie vielleicht nicht durch Kritik verletzen. Und ist er zu schwach, dann gibt es keine Kommentare, eben weil er gar nicht auffällt. Fragen Sie also eine Freundin oder einen Freund, der ehrlich ist und es gut mit Ihnen meint, ganz direkt, wie er

Ihren Duft empfindet. Nur so können Sie sicher sein, dass Sie nicht mehr oder weniger Duft verwenden, als Sie beabsichtigen.

Es liegt ein scheinbarer Widerspruch darin, bei der Wahl eines Parfums nur auf das eigene Empfinden zu achten, und bei seiner Verwendung auf die Kommentare der Freundinnen. Aber es ist eine Tatsache, dass sich hinter diesem Widerspruch natürliche Logik verbirgt.

Wechselhaft oder treu?

Ein guter Weg, die Abstumpfung dem eigenen Parfum gegenüber zu vermeiden, besteht im häufigen Wechsel. Der Wechsel entspricht auch dem Geist unserer Zeit. Viele Frauen haben heute drei oder vier Parfums auf ihrem Toilettentisch, manche verwenden sogar noch mehr Düfte gleichzeitig.

Das ist schön und macht Spaß. Und doch kann ich eine gewisse Nostalgie nicht verhehlen nach der guten alten Zeit, als die kultivierte Frau ein einziges Parfum verwendete, »ihr« Parfum, und diesem über Jahre oder ein Leben lang treu blieb. Der Duft war ihr Erkennungszeichen und ihre Aura. Wenn man an eine solche Frau denkt, schwingt die Erinnerung an ihren Duft mit.

Es lässt sich nicht vermeiden: Je häufiger Sie wechseln, desto oberflächlicher und unverbindlicher ist Ihre Beziehung zu jedem Duft, den Sie tragen. Und darin liegt ein Verlust.

Vielleicht gibt es hier einen glücklichen Kompromiss. Bleiben Sie einem Parfum, das Sie lieben, treu. Verwenden Sie es immer wieder, aber nicht ausschließlich. Zwischendurch, zu speziellen Anlässen, oder um an einer rasanten neuen Mode teilzunehmen, oder einfach zur Abwechslung, verwenden Sie andere Düfte nach Lust und Laune … aber dann kommen Sie wieder zu »Ihrem« Parfum zurück. Es ist wie das etwas unmoralische Rezept, eine Ehe durch gelegentliche Seitensprünge lebendig zu halten. Ein weiser Mann hat gesagt, die Mode sei »ein Abenteuer ohne Risiko«;[9] das gilt ebenso für das Parfum. Seitensprünge im Duft sind stimulierend, sie helfen Ihnen, Ihr »eigenes« Parfum bewusster wahrzunehmen und zu schätzen, und sie sind nicht einmal unmoralisch.

Ändern sich die Parfums?

Haben Sie schon einmal versucht, ein Parfum, das Sie früher liebten, wieder zu verwenden? Waren Sie dabei ein wenig enttäuscht? Hatten Sie das Gefühl, als hätten sein Glanz und seine Ausstrahlung nachgelassen? Häufig ist ein Parfum, zu dem man nach Jahren zurückkommt, nicht mehr so, wie man es in Erinnerung hat. Was ist passiert? Hat es sich geändert?

Manche Parfums ändern sich tatsächlich. Rezepturen werden abgewandelt, gezwungenermaßen oder um dem Wandel der Zeiten gerecht zu werden. Ein Zwang, die Rezeptur zu ändern, kann dadurch entstehen, dass ein Bestandteil nicht mehr erhältlich ist. Durch die strenger werdenden Anforderungen in Bezug auf Hautverträglichkeit werden eine Reihe von traditionellen Riechstoffen heute nur noch beschränkt oder gar nicht mehr eingesetzt; auch daraus ergeben sich Zwänge zur Rezepturänderung.

Ja, manchmal ändern sich die Parfums. Trotzdem meine ich, dass die Ursache für Ihre Enttäuschung oft nicht in solchen Rezepturänderungen liegt, sondern im Wandel Ihrer eigenen Erwartungen. Unsere Welt ist schnelllebig und ständig im Fluss. Auch wenn wir es wollen, können wir uns gar nicht vom steten Wechsel der Stile, der Farben und des Geschmacks unserer Kultur isolieren. Der Film, der uns gestern zeitlos schön und wahr erschien, mutet heute kurios und ein wenig verstaubt an. Das Kleid, das vor zwanzig Jahren der letzte Schrei war, wirkt heute nostalgisch. Parfums sind in den letzten zwei Jahrzehnten stärker, direkter, plakativer geworden. Das beeinflusst, ob Sie es wollen oder nicht, Ihre eigenen Maßstäbe und Ihre Wahrnehmung des Duftes, den Sie früher so sehr geliebt haben.

Die Parfumhersteller sind sich dieses Wandels im Zeitgeschmack wohl bewusst. Manche haben deshalb versucht, ihre Kreationen behutsam den neuen Erwartungen anzupassen, sie intensiver und haftender zu machen. Wo Parfums längere Zeit beinahe oder völlig aus den Parfümerien verschwunden waren und dann wieder zurückkommen, zum Beispiel bei *Quelques Fleurs*, und *Femme*, sind es überarbeitete, modernisierte Fassungen. Wenn Sie dann meinen, das Parfum rieche nicht mehr wie früher, haben Sie ganz recht.

Ob es also angepasst wurde oder nicht, das Parfum wirkt tatsächlich anders als damals. Man kann die Zeit nicht zurückdrehen. Da gibt es nur eines: Wahren Sie Ihr Parfum von gestern in glanzvoller Erinnerung, und suchen Sie einen neuen Duft, der für Sie heute so schön und aufregend ist, wie es der andere damals war...

Parfum frisch halten

Verwenden Sie mehrere Parfums zur gleichen Zeit, dann stehen auf Ihrer Frisiertoilette angebrochene und halb aufgebrauchte Flakons. Sehen Sie sich vor: Ein Parfum ist nicht unbeschränkt haltbar! Je wärmer der Raum, je mehr der Flakon hellem Licht ausgesetzt ist und je weniger Parfum darin zurückbleibt, desto schneller verdirbt es. An einer kühlen und dunklen Stelle oder im schützenden Karton bleiben die meisten Parfums nach dem Anbrechen ein halbes Jahr oder sogar länger frisch. An einem sehr warmen

Ort, zum Beispiel im Handschuhfach des Autos im Sommer, oder nahe bei einem Fenster, können sie in wenigen Wochen, manchmal in Tagen verderben. Der beste Ort zum Aufbewahren eines Parfums ist der Kühlschrank.

Aber Sie wollen ja nicht, jedesmal wenn Sie ein Parfum benutzen, zum Kühlschrank in die Küche laufen! Es gibt in unserem Zeitalter des Überflusses doch noch nicht alles. Was fehlt, ist ein Minikühlschrank für das Schlafzimmer oder das Badezimmer, in dem Sie Ihre kostbaren Parfums genauso ideal aufbewahren können wie der Zigarrenliebhaber seine Davidoffs im temperierten Humidor. Was sollen Sie tun, bis es solche Coolidors für Parfums gibt? Wählen Sie für Ihre Parfums einen Platz, der möglichst lichtgeschützt ist.

Kaufen Sie von Parfums, die Sie nicht sehr regelmäßig verwenden, lieber die kleineren Flakons als die ganz großen, auch wenn die großen im Preisvergleich günstiger erscheinen.

Lassen Sie Ihre angebrochenen Parfums nicht zu lange stehen. Verwenden Sie sie regelmäßig. Der Kühlschrank ist zwar ein guter Platz, die Parfums vor dem Verderben zu schützen, aber es gibt einen noch schöneren, genussvolleren: Ihre Haut...

Wie ein Parfum entsteht

Die Kunst des Parfümeurs

*E*in Parfum ist eine Mischung aus verschiedenen Duftstoffen, die in Alkohol gelöst wurde. Zunächst wird die Mischung anhand einer Rezeptur, die ein Parfümeur entwickelt hat, angefertigt. Anschließend wird sie in dem feinsten verfügbaren Alkohol gelöst. Wie viel Duftölmischung und wie viel Alkohol man dabei verwendet, hängt vom Produkt ab, das hergestellt wird. Im Falle eines klassischen Toilettewassers oder eines *Splash Cologne* kommen auf hundert Teile Alkohol ein bis zwei Teile Duftölmischung; im Fall eines *Parfums*, eines *Eau de Parfum* und mancher moderner Colognes amerikanischen Ursprungs sind es bisweilen über 30 Teile. Dem Alkohol wird ein wenig Wasser zugefügt; je nach Endprodukt ist die übliche Alkoholkonzentration 70 bis 85 Prozent.

Die frisch angefertigte Lösung muss einige Wochen »reifen«. Dann wird sie gekühlt und filtriert, um sicherzustellen, dass sie völlig klar ist und das auch ihre gesamte Lebensdauer hindurch bleibt. Manchmal, vor allem in jüngster Zeit, setzt man ein wenig Farbstoff zu; meistens kommt aber die Farbe eines Parfums einfach von der Farbe der eingesetzten Riechstoffe. Eine Spur Antioxydans kann dazukommen, um den Duft nach Öffnen des Flakons haltbarer zu machen.

Das Herstellen eines Parfums ist denkbar einfach. Die Kunst und Magie liegt im Entwickeln der Rezeptur für das Duftgemisch, und dies ist die Aufgabe des Parfümeurs. Der Parfümeur ist für das Parfum, was der Komponist für ein Musikstück ist und der Grafiker für eine Lithographie.

Es gibt aber einen kuriosen Unterschied. Im Konzertprogramm und auf der Schallplattenhülle wird der Komponist immer erwähnt, zumindest bei klassischer Musik. Wenn Sie eine Graphik erwerben, wissen Sie normalerweise, wer der Künstler ist, der sie gestaltet hat. Der Name des Parfümeurs wird aber kaum jemals auf der Parfumpackung erwähnt. Ein Parfum wird unter dem Namen des Hauses, das es auf den Markt bringt, verkauft, oder unter dem Namen eines Modedesigners, oder einer bekannten Persönlichkeit, zum Beispiel einer Schauspielerin. Diese haben die Entstehung des Parfums beeinflusst: Sie sind an der Namensfindung und an der Entwicklung der Werbung wesentlich beteiligt, und ihr Stilgefühl wirkt in die Gestaltung der Packung und in den Duft selbst hinein. Aber sie haben den Duft nicht entwickelt.

Es mag unfair erscheinen, dass der Parfümeur öffentlich so gar nicht in Erscheinung tritt, aber es ist logisch, denn ein Parfum ist mehr als nur ein Duft: Es ist eine Idee, die in der Gesamtheit des Duftes, des Flakons, des Namens und der Werbung zum Ausdruck kommt – und hinter dieser Gesamtheit müssen die Namen der Künstler und Spezialisten, die die einzelnen Elemente geschaffen haben, zurücktreten. Wie eine Kathedrale ist das Parfum nach seinem Schutzheiligen und nicht nach seinem Architekten benannt.

Die Schöpfung eines Duftes ist nicht Wissenschaft, sondern Kunst. Sie beruht nicht auf Berechnungen, nicht auf der Kenntnis physikalischer oder chemischer Gesetze, sondern auf Versuchsreihen. Es geht viel Intuition und Schönheitssinn in die Duftkreation ein, nicht nur, weil es unmöglich ist, die Schritte zur Verwirklichung einer Idee zu errechnen oder logisch zu bestimmen, sondern auch, weil das Ziel selbst ungreifbar ist, nicht in Worten beschrieben werden kann und nur in der Vorstellung des Parfümeurs existiert.

Die Duftstoffpalette, auf die der Parfümeur bei der Entwicklung seiner Rezepturen zurückgreifen kann, ist gewaltig. Heute stehen ihm über 2000 handelsübliche Riechstoffe zur Verfügung, und das »aktive Vokabular« des erfahrenen Parfümeurs, die Reihe der Duftstoffe, die er wie alte Freunde kennt, besteht aus etwa 700 bis 1000 Substanzen.

So viele Stoffe so gut zu kennen mag als außerordentliche Leistung erscheinen. Tatsächlich erfordert es ein hervorragendes Duftgedächtnis und viel Geduld. Das eigentlich Schwierige ist aber nicht, die einzelnen Riechstoffe zu kennen, sondern zu wissen, wie sie wirken, wenn man sie zusammenbringt. Die Gesetze der Kombinatorik in der Parfümerie sind weit komplizierter als die Harmoniegesetze in der Musik und als die Regeln der Grammatik – besser gesagt: Es gibt beim Duft keine Regeln. Es gibt keinen Weg, mit Sicherheit vorauszusagen, welcher Dufteffekt entstehen wird, wenn man drei oder vier Duftstoffe zusammenfügt; man weiß es erst, wenn man es versucht hat.

In meinem Seminar »Einführung in die Parfümerie« zeige ich das an einem Beispiel. Ich nehme vier Stoffe. Einer riecht wie frischgemähtes Gras, der zweite wie die Zuckerwatte, die Kinder auf dem Jahrmarkt essen, der dritte nach überreifen Äpfeln und der vierte nach Butter. Wenn ich sie mische, entsteht der natürliche Duft frischer, aromatischer Erdbeeren! Das funktioniert natürlich nur dann, wenn das Mengenverhältnis der vier genau stimmt. Wenn ich den Anteil auch nur einer der Komponenten zu sehr ändere, ist das Ergebnis nicht mehr als Erdbeerduft erkennbar.

Eine Parfumrezeptur besteht normalerweise aus über vierzig, häufig aus über hundert Bestandteilen. Aus 1000 oder gar 2000 verschiedenen Riechstoffen kann man unendlich viele Kombinationen machen. Deshalb gibt es auch für den erfahrenen Parfümeur immer wieder Überraschungen, und er lernt, solange er arbeitet.

Der Meisterparfümeur zeichnet sich durch die Fähigkeit aus, die Dufteffekte einer großen Anzahl von Kombinationen zu kennen und sie bei neuen Mischungen mit leidlicher Treffsicherheit voraussagen zu können. Um wahrhaft kreativ zu sein, muss der Parfümeur aber noch einen Schritt weiter gehen. Er muss die Gabe haben, sich Duftharmonien vorzustellen, die noch niemals versucht wurden. Dazu gehört auch die Fähigkeit, Duftstoffe, mit denen er schon längst vertraut ist, mit neuen Augen zu betrachten und selbst in seinen alten Freunden immer wieder neue Möglichkeiten und Facetten zu entdecken. Dies ist übrigens der Schlüssel zur Kreativität in jeder Kunst und auch im Leben.

Die Palette des Parfümeurs

Wenn ich die 700 oder die 2000 Riechstoffe des Parfümeurs immer wieder erwähne, ohne überhaupt darauf einzugehen, welche diese sind, enttäusche ich Sie vielleicht. Wollte ich sie alle nennen und beschreiben, würde ich Sie mit Sicherheit langweilen. Als Kompromiss will ich einige typische beschreiben. Stellen wir uns vor, dass wir am Arbeitsplatz des Assistenten oder der Assistentin des Parfümeurs stehen, an der »Duftorgel«. Hier finden wir hunderte von kleinen braunen Fläschchen, wie Orgelpfeifen auf Regalen rund um eine Arbeitsfläche mit einer elektronischen Waage angeordnet. An unserer Seite der Parfümeur. Nehmen wir an, dass es ein Mann ist – immer noch sind die Parfümeure in der Mehrzahl Männer, obwohl die Zahl der Frauen auch in diesem Beruf ständig zunimmt.

Um uns zu orientieren, halten wir zunächst Ausschau nach vertrauten Namen an den Etiketten der Fläschchen. Hier steht Lavendelöl, dort Citronenöl und Orangenöl Guinea. Auch Küchengewürze und Kräuter sind da: Gewürznelkenöl, Zimtöl, Korianderöl, Thymianöl – je länger wir schauen, desto mehr Bekannte aus der Küche treffen wir an: Rosmarin, Muskat, Salbei, Ingwer, Pfeffer, Anis, Kümmel, Dillsamen, Dillkraut und viele andere.

Wir finden auch Öle aus Hölzern, die uns mehr oder weniger vertraut sind: Zedernholz- und Sandelholzöl, Zypressenöl, Sibirisches

Fichtennadel- und Edeltannenöl. Auf einem Tiegel mit einer dunkelgrünen Paste lesen wir: »Eichenmoos Resinoid Jugoslawisch« – der Extrakt eines Mooses.

Weil doch Blumen in der Parfümerie so wichtig sind, suchen wir Blütenöle. Jawohl, dort steht Rosenöl und daneben »Rose absolu« – der Parfümeur erklärt, dass »Öle« durch Destillation und »absolu« durch Extraktion von Pflanzenteilen erzeugt werden. Da gibt es Jasmin und Orangenblüten absolu, Hyazinthen und Mimosen absolu, Geraniumöl, Veilchenblätter absolu.

Aber wir sind doch ein wenig enttäuscht, weil es weniger Duftstoffe aus Blüten zu geben scheint als aus Küchenkräutern. Wo ist denn das Veilchenblütenöl, wo sind Flieder, Maiglöckchen, Gartennelken, Lilie, Gardenie? All diese Blüten haben einen schönen Duft, und wir erinnern uns, dass sie auch in den Duftbeschreibungen von Parfums vorkommen.

Der Parfümeur erklärt, dass es, obwohl diese Blüten wunderbare Düfte haben, keinen praktischen Weg gibt, diese aus den Pflanzen als Öle oder Extrakte zu gewinnen. Das gleiche gilt für die Mehrzahl der Fruchtnoten, die in den modernen Parfums eine immer größere Rolle spielen. Wenn er diese Düfte in seinen Kreationen einsetzen will, muss er deshalb zu Kompositionen greifen, die andere Parfümeure (oder manchmal auch er selbst) geschaffen haben, so genannte Basen, die den natürlichen Duft der Blüten oder der Früchte wiedergeben. Die Informationen über die Zusammensetzung des natürlichen Duftes erhalten die Parfümeure von der Parfümerieforschung, die mit immer ausgefeilteren Methoden der Natur auf die Schliche kommt. An der Erforschung der Geheimnisse z. B. des Rosenöls arbeiten Riechstoffchemiker bereits seit etwa 160 Jahren; sie haben darin schon über 400 verschiedene Bestandteile entdeckt, und sind immer noch nicht am Ende. Neuerdings können die Forscher schon aus einer einzelnen Blüte eine Menge an Informationen gewinnen, und das sogar ohne die Blüte pflücken zu müssen: Sie sammeln die Luft, die die Blüte umgibt und analysieren die unvorstellbar kleinen Mengen an Duftstoffgemischen, die sich in dieser Luft befinden. Dadurch können Parfümeure heute auch Basen von exotischen Blüten komponieren, wie etwa die Feigenblüte oder eine ganz seltene Rosenart oder auch von Früchten, deren Aroma man ebenfalls aus der Luft, gleich nach dem Aufschneiden, analysieren kann.

Wir kommen zu einem anderen Teil der »Orgel«, wo diese Basen untergebracht sind. Dort finden wir tatsächlich all die Blüten, die wir soeben vermisst hatten, und auch, zu unserer Überraschung, eine Reihe von Rosen- und Jasminbasen. Warum verwendet man diese, wenn es doch die natürlichen Öle und Extrakte gibt?

Das ist zum Teil eine Kostenfrage. So werden zum Beispiel Rosenöl und Rosen absolu aus Blütenblättern bereitet, die mit der Hand gepflückt werden müssen; man braucht etwa 700 Kilogramm Blüten, um ein Kilogramm Rosenöl zu erzeugen. Deshalb kostet ein Kilogramm des Öls um die 10 000 Mark, manchmal, je nach Ernte und Qualität, bedeutend mehr. Rosen absolu ist auch nicht preiswerter. Wenn wir uns aber ausschließlich auf die natürlichen Riechstoffe beschränken würden, um die Rosennuance in Parfums zu erzeugen, würden diese ungemein teuer werden; denn die Rosennote ist oft ein wesentlicher Bestandteil von Duftrezepturen.

Im übrigen gibt sich der Parfümeur nicht damit zufrieden, das Thema »Rose« nur in der Weise einzusetzen, wie es uns die Natur verschafft. Manchmal sucht er eine Rose mit fruchtiger, fast zitronenartiger Frische; für andere Aufgaben will er eine warme, üppige Rosennote mit ausgeprägter Honignuance haben; oder eine kühle Note, die uns an Rosenknospen im Morgentau erinnert. Er kann diese Vielfalt entweder durch die Verwendung von Basen, welche jeweils einen dieser Aspekte des Rosenduftes betonen, erreichen; er kann sie auch erzielen, indem er eine Rosenkomposition nach seiner Vorstellung selbst ausarbeitet und diese in seiner Kreation einsetzt.

> *... An der Wand ihres*
> *Schlafgemachs hing ein*
> *indischer Liebesteppich,*
> *der war gewoben aus*
> *Vanilleduft und Flötenklängen*
> *und dunklen Rosenblüten,*
> *aus Indigo und Sandelholzöl*
> *und dem tropfenden*
> *Lied der Sitar...*

Der Parfümeur gerät beim Vorführen der Mysterien seiner Rohstoffpalette so ins Schwärmen, dass es uns Mühe kostet, ihn zu überzeugen, dass unsere armen Nasen für den Augenblick wirklich genug haben. Bevor wir die natürlichen Duftstoffe verlassen, wollen wir nur noch an den zwei legendären Duftstoffen aus der Tierwelt, Moschus und Ambra, schnuppern.

Hier gibt es wieder eine Enttäuschung: Keiner von beiden ist in den Regalen der Naturstoffe aufzutreiben. Der Moschushirsch des Himalayas, aus dessen Duftdrüse die Moschustinktur seit Jahrhunderten hergestellt wird, ist eine gefährdete Tierart, die nicht mehr gejagt werden darf. Daher ist natürliche Moschustinktur oder Moschus absolu kaum noch verfügbar und extrem teuer. Der Parfümeur erzählt, dass ein Kilogramm Moschus absolu heute über eine Million Mark kostet, also das Dreißigfache des Preises von Gold. In der Parfümerie wird fast nur noch synthetischer Moschus eingesetzt. Das gleiche gilt für Ambra, da auch der Wal, der diesen Stoff in der Natur erzeugt, fast ausgestorben ist.

Zum Trost dürfen wir an Zibettinktur schnuppern, einem von den zwei Duftstoffen aus dem Tierreich, die auch heute noch in natürlicher Form eingesetzt werden. Zibet ist eine Drüsenausscheidung einer äthiopischen Wildkatze. Der Duft erinnert uns an einen Löwenkäfig im Tiergarten, sehr intensiv und nicht gerade angenehm. Der Parfümeur versichert uns, dass Zibet, in Spuren eingesetzt, blumigen Noten Wärme und eine honigartige Süße schenkt, aber wir können das schwer glauben.

Jetzt wenden wir uns den Regalen zu, auf denen die synthetischen Riechstoffe untergebracht sind, und sogleich stellt sich ein Gefühl der Verwirrung ein. Die Bezeichnungen auf den Etiketten, wie »Phenyläthyl Phenylacetat« und »Phenylacetaldehyd Dimethylacetal 10prozentig in Dipropylenglykol« erinnern uns an die schwärzesten Stunden des Chemieunterrichts. Und es stehen da so viele Chemikalien, Reihe um Reihe. Wenn der Parfümeur so viele synthetische Stoffe in seinen Kreationen einsetzt, muss der Duft doch wohl arg chemisch und künstlich werden!

Doch man versichert uns: Nur die Namen sind furchterregend, nicht die Stoffe. Viele von ihnen kommen in der Natur vor, und die Natur, zusammen mit der analytischen Kunst des Chemikers, hat den Parfümeur überhaupt erst auf den Gedanken gebracht, sie zu verwenden. So kommt zum Beispiel das Phenyläthyl Phenylacetat trotz seines furchteinflößenden Namens im Rosenöl vor – und wenn wir es riechen, müssen wir uns eingestehen, dass es gar nicht chemisch riecht, sondern weich, rosig und honigartig. Synthetisches Vanillin, ein weißes Pulver, duftet wie Weihnachtsgebäck; wenn wir daran riechen, fühlen wir fast die Süße der Plätzchen auf der Zunge. Nonalakton riecht wie Kokosraspeln, Eugenol wie Gewürznelken. Zum Abschluss zeigt er uns eine Maiglöckchenbase. Beim Riechen der sanften Süße, üppig aber gleichzeitig rein und frisch, sehen wir die zierliche weiße Blüte und die breiten frischgrünen Blätter ganz plastisch vor uns – und doch wurde diese Base ausschließlich aus synthetischen Riechstoffen hergestellt.

Allmählich wird uns klar, warum der Parfümeur bei seiner Arbeit kaum einen Gedanken an den Ursprung seiner Riechstoffe verschwendet, ebensowenig wie sich kaum ein Maler Gedanken darüber macht, ob seine Farben natürlichen oder synthetischen Ursprungs sind. Worauf es ihm ankommt, ist nur der Duft, der Duft des Stoffes an sich und in Kombination mit anderen, und wie er diesen am besten zur Geltung bringen kann.

Natur und Kunst im Parfum

Auch wenn sich der Parfümeur über die Frage »Natürlich oder künstlich?« wenig Gedanken macht, für Sie als Verwender seiner Kreationen ist sie wichtig. Schenkt man den Auflistungen der Duftbestandteile, die den Parfums immer häufiger mit auf den Weg gegeben werden, Glauben, dann muss man annehmen, alle Parfums bestehen nur aus natürlichen Düften. Aber stimmt das? Sind nicht die meisten Parfums heute hauptsächlich synthetisch? War das nicht früher anders? Duften die natürlichen Parfums nicht feiner, harmonischer, eben »natürlicher« als die synthetischen? Werden nicht vor allem die billigeren Parfums aus synthetischen Riechstoffen gemacht und haften sie nicht deshalb weniger?

Diese Fragen sind nicht aus der Luft gegriffen. Die Unterscheidung zwischen dem Natürlichen und dem Künstlichen, Artifiziellen in Parfums ist tatsächlich wichtig, aber nicht in der Weise, wie es die Fragen vermuten lassen. Man kann diesem komplexen Thema nicht mit lapidaren Behauptungen gerecht werden. Deshalb wollen wir das Terrain zunächst mit einigen historischen und technischen Feststellungen klären.

- Synthetische Riechstoffe wurden erstmalig um 1875 in Parfums eingesetzt. Damit ist der Einsatz synthetischer Riechstoffe so alt wie die moderne Parfümerie selbst. Er war eine Voraussetzung für das Entstehen des Parfums, so wie wir es heute kennen.

- *Es gibt seit über 100 Jahren, auch heute noch, weder Parfums, die ausschließlich aus natürlichen, noch solche, die ausschließlich aus synthetischen Riechstoffen bestehen, also weder »natürliche« noch »synthetische« im strikten Sinne. Die Unterschiede sind nur gradueller Art.*

- *Der Anteil synthetischer Riechstoffe in den Parfums hat von Anfang an tendenziell ständig zugenommen.* Das hat zum Teil wirtschaftliche Gründe, wobei sowohl der oft günstigere Preis der synthetischen wie auch die großen Schwankungen in den Preisen wichtiger natürlicher Riechstoffe Faktoren sind. Ebenso wichtig waren und sind jedoch die gleichbleibende Qualität und der Gewinn an künstlerischer Gestaltungsfreiheit, den der Einsatz synthetischer Stoffe dem Parfümeur gebracht hat.

- Die natürlichen Blütenextrakte gehören zu den teuersten Riechstoffen in der Palette des Parfümeurs. Es gibt aber auch viele preiswertere natürliche Riechstoffe, und teure synthetische. *Man kann nicht generell sagen, dass Parfums umso kostbarer sind, je höher ihr Anteil an natürlichen Riechstoffen ist.*

- Die natürlichen Riechstoffe sind Mischungen vieler verschiedener Einzelsubstanzen. Im Rosenöl z. B. hat man bisher mehr als 400 Bestandteile identifizieren können, und es werden immer noch weitere entdeckt.

- Heute stehen dem Parfümeur ca. 200 allgemein erhältliche natürliche Riechstoffe und über 2000 synthetische Riechstoffe zur Verfügung.

- Etwa zwei Drittel der synthetischen Riechstoffe kommen als

Einzelbestandteile auch in natürlichen ätherischen Ölen und Extrakten vor. *In reiner Form sind solche Stoffe, gleich ob man sie aus der Natur gewonnen oder in der Retorte synthetisiert hat, in allen ihren Eigenschaften (Geruch, Haftung, Haut- und Umweltverträglichkeit usw.) völlig identisch.* Allerdings setzt der Parfümeur Einzelriechstoffe selten in hundertprozentig reiner Form ein; sie enthalten zumeist kleine Mengen von Begleitstoffen, die je nach der Herstellungsmethode unterschiedlich sind. Das restliche Drittel wurde (bisher) nicht in der Natur gefunden; die Mehrzahl dieser Gruppe ist aber Riechstoffen, die in der Natur vorkommen, eng verwandt.

- In ihren Geruchseigenschaften unterscheiden sich die natürlichen und synthetischen Riechstoffe vor allem in zwei Hinsichten. Die natürlichen wirken »runder« und »voller«, weil sie Mischungen aus so vielen unterschiedlich riechenden Einzelbestandteilen sind. Die synthetischen haben eine mehr gleichbleibende Qualität, unabhängig von Ernteschwankungen und unterschiedlichen Eigenheiten der Anbaugebiete; das ist für Markenartikel wie das Parfum ein wichtiger Vorzug.
- Man findet sowohl unter den natürlichen wie unter den synthetischen Riechstoffen flüchtige und extrem haftende. *Man kann nicht sagen, dass die einen länger haften als die anderen.*
- Sowohl die natürlichen als auch die synthetischen Riechstoffe, die heute verwendet werden, haben umfassende Testreihen auf Haut-, Gesundheits- und Umweltverträglichkeit bestanden.

Im technischen Sinne ist die Unterscheidung zwischen natürlich und synthetisch für den Parfumverwender weitgehend bedeutungslos. Was aber den Duftcharakter anbelangt, macht es sehr wohl etwas aus, wie sich der Parfümeur, der den Duft geschaffen hat, zur Natur stellt.

Die künstlerische Perspektive

In jeder Kunst ist die Auseinandersetzung mit der Natur ein zentrales Thema, so auch in der Parfümerie. Betrachten wir die Gründe für den Einsatz synthetischer Riechstoffe im Lichte dieser Auseinandersetzung, so finden wir drei Hauptmotive, die in verschiedenen Epochen im Vordergrund standen: die Imitation der Natur, ihre Korrektur und die Befreiung von ihr.

Es mutet paradox an, aber die Parfümeure setzten in den Jahren vor 1920 synthetische Riechstoffe in der feinen Parfümerie hauptsächlich ein, um sonst unerreichbare natürliche Effekte zu erzielen. Das lag vor allem daran, dass es technisch unmöglich war (und zum Teil heute noch ist), von einer ganzen Reihe beliebter Blüten Extrakte oder Destillate herzustellen, die ihren Duft auch nur einigermaßen naturgetreu wiedergaben. Dazu gehörten das Veilchen, das Maiglöckchen, der Flieder, die Gartennelke und viele andere mehr.

Bei Fruchtnoten war man völlig auf synthetische Riechstoffe angewiesen. Auch Duftnoten, die in Herrenparfums beliebt waren, wie frisch gemähtes Heu oder Leder, konnten nur mit Hilfe synthetischer Riechstoffe realistisch imitiert werden.

Auch wenn in den nachfolgenden Epochen das Bestreben, die Natur möglichst getreu zu imitieren, als ästhetisches Prinzip in den Hintergrund geriet, so wurde es doch in Teilbereichen immer dann wiederbelebt, wenn das Angebot wichtiger natürlicher Riechstoffe versiegte, wie z.B. bei Moschus und Ambra. Seit Ende der 80er Jahre hat es durch die Einführung der Headspace-Analyse (siehe Seite 127f.) neue Aktualität gewonnen und Entwicklung und Einsatz zuvor wenig beachteter synthetischer Riechstoffe beflügelt.

So wie in der Malerei Impressionismus, Expressionismus und Fauvismus ein freieres Verhältnis zu den natürlichen Vorbildern verkörperten, indem sie bestimmte Aspekte der Vorbilder hervorhoben und andere völlig ausließen, so ging auch die Parfümerie dazu über, ihre klassischen Themen, vor allem Rose und Jasmin, neu zu gestalten – mit Hilfe synthetischer Riechstoffe. Sie konnte nun in der Rose beispielsweise das Taufrische, Grüne einer Knospe am frühen Morgen betonen oder die dekadente, laszive Honigsüße einer Blüte am Rande des Verwelkens, im Jasmin die kühle Teenote, die volle Fruchtigkeit oder auch die beinahe abstoßende erotisch-animalische Nuance.

Fruchtbarer noch war der Impuls des Jugendstils, eine Kunstströmung, die von der Natur vor allem den Gestus, die allgemeinen Formprinzipien übernahm. In der Parfümerie gab zum einen das Gebot der natürlichen Rundheit, zum anderen das Prinzip der organischen Entfaltung bis weit in die zweite Hälfte des 20. Jahrhunderts den Ton an. Diese Prinzipien leben weiter, auch in Kreationen unserer Tage, wenngleich sie ihre Allgemeinverbindlichkeit längst verloren haben.

»Rundheit« bedeutet in der Parfümerie das Vermeiden von Kanten und Ecken, von schroffen Gegenüberstellungen kontrastierender Elemente. »Abrundung« und »Raffinesse«, Kernbegriffe dieser Ästhetik, stellten eine Herausforderung, deren Meisterung um so wichtiger war, je unterschiedlicher die Elemente waren, die es zu vereinen galt. Intensive Riechstoffe mit »einseitigem« Charakter (das waren fast immer synthetische Stoffe, denn die natürlichen sind in sich abgerundet) mussten behutsam eingesetzt werden, um »Spitzen« zu vermeiden.

»Organische Entfaltung« bedeutet Rundheit in der Zeitachse. Ein gutes Parfum sollte auf der Haut leben, es sollte seinen Charakter nach dem Auftragen auf die Haut nur allmählich zu erkennen geben, um dann nach einer gewissen Zeit den Akkord seiner Basisnote hervortreten zu lassen bis zum Verklingen, alles ohne Schroffheit, denn auch die Natur macht keine Sprünge.

Diesem »organischen« Kompositionsprinzip stehen heute andere gegenüber, die ich, wieder in Anlehnung an die bildende Kunst, »abstrakt« und »linear« nennen möchte. Die Orientierung an den Formprinzipien der Natur tritt in den Hintergrund zu Gunsten von Forderungen des Life Styles vor allem der berufstätigen Frau von heute.[1] Der Duft soll auf Anhieb voll da sein, einen unverkennbaren Charakter aufweisen und diesen Charakter über den ganzen Arbeitstag hinweg möglichst unverändert beibehalten. Dabei soll er seine Botschaft durch seine Ausstrahlung auch den Mitarbeitern im Büro bemerkbar machen, also über den persönlichen Bereich hinaus (siehe Seite 111).

Dies sind Anforderungen, die die Möglichkeiten der organischen Parfums zu sprengen drohen, da das Prinzip der organischen Entfaltung der Erkennbarkeit »auf Anhieb« und der Unveränderlichkeit des Charakters im Wege steht, und das Prinzip der Rundheit Zurückhaltung im Einsatz sehr intensiver Riechstoffe fordert. Es gibt aber Parfums, und diese sind Meisterwerke unserer Zeit, in denen die Quadratur des Kreises gelingt. Sie sind unmittelbar erkennbar, haben große Ausstrahlung und Haftung und vermeiden dennoch alle Schroffheiten des Abstrakten und alle Plattheit des Geradlinigen durch die Raffinesse, mit der sie die Kontraste, die ihnen innewohnen, gegeneinander ausbalancieren.

Das abstrakte Parfum stellt nicht nur die Rundheit der Natur in den Hintergrund, es gibt auch den direkten Bezug auf ihre Düfte auf. Die Duftakkorde auch der organischen Parfums waren und sind in den meisten Fällen Kunstgebilde, die in der Natur nicht ihresgleichen haben – man kann aber in den einzelnen Bestandteilen dieser Akkorde natürliche Vorbilder mehr oder weniger klar erkennen: eine Rosennote etwa, oder einen Hauch von einem tropischen Holz. Das abstrakte Parfum hingegen setzt die Riechstoffe ein wie die Farben in einem abstrakten Bild. So wie dort ein waagrechter grüner Streifen einfach »grün waagrecht« ist und nicht versucht, Assoziationen mit einem Rasen oder einem Wald auszulösen, so kann hier ein Stoff, der beispielsweise in Pfirsichdestillaten gefunden wurde, so eingesetzt werden – in weit höheren Konzentrationen, als er in der Natur vorkommt, und ohne die anderen Bestandteile des Pfirsichduftes –, dass er den Eindruck »Pfirsich« gar nicht mehr auslöst, sondern nur noch das Gefühl »süß-fruchtig« oder »rosa-orange«. Auch Riechstoffe, die in der Natur gar nicht vorkommen, können hier eine zentrale Rolle spielen.

Luca Turin hat diesen Aspekt des abstrakten Stils in seinen Kommentaren zu *Loulou* schön beschrieben: »*Loulou* war eines der ersten Parfums, das einen verborgenen Kontinent erforschte, der innerhalb der großen Parfums liegt und den die Riechstoffchemie aufdeckte, als sie die natürlichen Düfte auseinandernahm. Das Ergebnis ist das Gegenstück des Minimalismus in der Sphäre des Geruchs: absichtlich unvollständig, exzessiv und letztlich befreiend durch die vollkommene Abwesenheit jedes Bezugs außer den auf die puren einzelnen Riechstoffe. Vergleicht man die Struktur des klassischen Parfums mit der eines langen Satzes, so ist *Loulou* wie eine einzige Silbe jenes Satzes. Die Intelligenz seines Schöpfers bestand darin, diese Silbe zu einem heiseren, mitreißenden Ruf zu machen.«[2]

Der Unterschied im »Feeling« der organischen und der abstrakten Düfte lässt sich vielleicht am besten durch Gleichnisse vermitteln:
- ein organisches Parfum ist wie ein Sinfonieorchester, ein abstraktes wie eine Jazz-Combo;
- ein organisches Parfum ist wie ein impressionistisches Gemälde, ein abstraktes wie ein gegenstandsloses Bild;
- ein organisches Parfum ist wie ein Ballsaal, ein abstraktes wie eine Disko;

- ein organisches Parfum ist wie ein Golfplatz, ein abstraktes wie ein Fitness-Studio;
- ein organisches Parfum ist taktvoll, ein abstraktes direkt;
- ein schlechtes organisches Parfum riecht fade, ein schlechtes abstraktes technisch.

Zu den typischen »abstrakt-linearen« Parfums zählen *Amarige, Casmir, Dune, Spellbound* und *Trésor*.[3]

Organische und abstrakte bzw. lineare Parfums konnten in der Landkarte nicht getrennt aufgezeigt werden, denn diese Stilrichtungen sind in allen Duftrichtungen vertreten. Außerdem stellen viele Parfums der letzten Jahrzehnte Mischformen zwischen den Stilen dar, wie z. B. *Anaïs Anaïs, Eternity, Must de Cartier, Paris, Poison, Vanderbilt* und *White Linen*.[3] Suchen Sie Hinweise auf den Stil, so finden Sie diese in den Jahreszahlen (die abstrakten und linearen Parfums wurden ab ca. 1970 Trendsetter) und in den Namen (viele der abstrakten Parfums haben englische Namen). Doch auf beide Indikatoren ist kein Verlass, denn es gibt viele Ausnahmen. In den Beschreibungen der einzelnen Parfums zum Duftberater habe ich oft den Stil erwähnt. Und wenn Sie darauf achten, werden Sie ihn bald selbst erkennen.

Was ein Parfum gut macht

Ann Gottlieb, als Beraterin mehrerer erfolgreicher amerikanischer Parfumhäuser die einflussreichste Frau der amerikanischen Parfumwelt der letzten Jahrzehnte, sagte einmal: Ein gutes Parfum hat drei Qualitäten: »wow«, »nuzzle« und »a hook«.

»Wow« sagt man, wenn einen ein Eindruck überwältigt, sozusagen den Atem nimmt. Ein gutes Parfum ist niemals farblos. Edmond Roudnitska, französischer Meisterparfümeur der Zeit zwischen 1944 (*Femme*) und 1972 (*Diorella*) hat gesagt, für ein gutes Parfum reicht technische Perfektion nicht aus, es müsse ihm beim Kennenlernen einen Schock versetzen.[4]

Man spricht von »nuzzling«, wenn sich ein Tier an ein anderes kuschelt und seine Nase im Fell des anderen vergräbt. Ein Parfum, das »nuzzle« hat, vermittelt Körperwärme. Dieser Effekt wird vor allem durch Düfte aus dem Tierreich, wie Moschus, Ambra und Zibet erzielt, aber auch durch bestimmte Blüten- und Fruchtnoten. Vielleicht ist der »nuzzle effect« nötig, weil jedes Parfum letzten Endes der sexuellen Attraktivität dient, vielleicht brauchen wir ihn, weil das Parfum mit der Haut des Trägers verschmelzen muss.

Und der »hook«? Das ist der Angelhaken, das Element, welches dem Parfum seine Eigenständigkeit verleiht und das den, der es trägt, immer wieder fesselt. Oft ist der »hook« eine an sich gar nicht so angenehme oder eine unpassende Note, die gerade deshalb der Komposition ihre Würze und ihre Spannung verleiht. Ann Gottlieb[1] meinte z. B. von *Eternity*, dass sein »hook« »ein kleines bisschen Rauheit« sei. Luca Turin[5] geht einen Schritt weiter und behauptet, die Parfums wären todlangweilig, wenn sie ausschließlich aus angenehm riechenden Düften bestünden und dass sie »erst dann wirklich schön werden, wenn sie abstoßende Bestandteile enthalten«. Er erklärt die Vorherrschaft der Franzosen in der Parfümerie aus ihrer gastronomischen Tradition, die »ohne Scham abscheulich riechende Kreationen wie den Münsterkäse verehrt«.

Typische »Schock«-Elemente in der Parfümerie sind ausgeprägte »animalische« Noten, die mehr oder weniger unterschwellig an den menschlichen Körpergeruch erinnern (z. B. in *Montana Parfum de Peau*), Noten, die man als »technisch« oder »chemisch« empfindet, weil man sie aus der Natur nicht kennt, oder auch vertraute Noten, die man als unpassend empfindet, weil sie an allzu profane Erfahrungsbereiche erinnern wie z. B. Süßspeisen, Seife oder Haushaltsreiniger.

Es gibt diese »Rauheit«, diesen »Schock«, diese »abstoßenden Bestandteile« nicht nur in modernen Parfums, sondern auch in solchen, die wir heute als Klassiker betrachten. Der Schock des relativ massiven Einsatzes von Aldehyden machte *Chanel No 5* im Jahre 1921 zur Sensation unter den Parfümeuren und bald darauf zu dem am meisten nachgeahmten Parfum seiner Zeit. Aldehyde waren zwar in natürlichen ätherischen Ölen wie Orangenöl und Edeltannenöl gefunden und in Parfums vor *No 5* eingesetzt worden, aber immer in ganz geringen Konzentrationen, da ihr intensiv wachsig-fettiger Geruch, sobald er sich bemerkbar machte, unnatürlich und seifig wirkte. Ernest Beaux, der Schöpfer des *No 5*, verwendete sie in zehnmal so hoher Konzentration, als damals »erlaubt« war (man behauptet, es sei ein Irrtum seines Assistenten gewesen) und wurde so Vater des erfolgreichsten Parfums in der Geschichte. Im Mut dieses Vorstoßes – es war ein früher Vorgänger des abstrakten Stils – blieb es über mehr als zwei Jahrzehnte allein: Oft nachgeahmt, doch das Nachahmen eines Schockeffekts löst keinen Schock mehr aus ...

Erst am Ende des 2. Weltkriegs gab es in Frankreich wieder Parfums, die es auf neuartige Schocks ankommen ließen, diesmal gleich mehrere. *Femme* (Rochas 1944) frappierte durch eine ausgeprägte, künstlich wirkende Pfirsichnote, *Vent Vert* (Balmain 1945) durch seine intensiv erdig-grüne Kopfnote, *Bandit* (Piguet 1945) durch eine harte, technisch riechende Ledernuance. Parfums dieser Art wurden damals und werden heute nur von Kennern geschätzt. Das weniger erfahrene und weniger selbstsichere Publikum bevorzugt mildere Schocks. Das ist wohl auch der Grund, warum die originellen Akzente von *Vent Vert* und *Femme* in den heute erhältlichen Fassungen zurückgenommen wurden und *Bandit* kaum noch erhältlich ist.

Der Prozess der Komposition

Die Kunst des Parfümeurs besteht im Komponieren von Mischungen. Endergebnis seiner Arbeit sind Rezepturen, das heißt, Mischvorschriften: Man nehme so viele Teile hiervon, so viele Teile davon – wie die Cocktailrezepte eines Barkeepers. Allerdings sind Parfums, mit oft hundert oder mehr Bestandteilen, recht komplexe Cocktails.

Die Entwicklung und Feinabstimmung einer solchen Rezeptur kann sehr viel Zeit erfordern. Jacques Polge, der Schöpfer von *Coco*, berichtet, dass im Falle dieses Parfums vier Jahre zwischen der Konzeption der Idee und der Realisierung des Parfums verstrichen.[6] Während dieser Zeit entwickelte Polge nicht nur eine Formel für *Coco*, sondern über dreihundert. Aber er verwarf sie alle bis auf die letzte, aus dem einzigen Grund, dass sie dem Bild, das er sich in seiner Vorstellung von *Coco* gemacht hatte, nicht entsprachen.

Mozart komponierte ganze Sinfoniesätze im Kopf. Bevor er sich zum Schreiben hinsetzte, waren sie in seinen Gedanken bereits fertig, und das Notieren der Partitur war für ihn eine rein mechanische Arbeit. Es gibt von seiner Hand kaum Entwürfe, und in den ersten Niederschriften seiner Partituren findet man selten Änderungen und Korrekturen.

Beethoven ging ganz anders vor. Beim Komponieren seiner großen Werke fertigte er zahllose Skizzen, Korrekturen, und Überarbeitungen an, und sogar die Partituren, die er seinem Verleger schickte, waren eines Drucksetzers Alptraum, so voller Zusätze, Streichungen und Änderungen, dass sie stellenweise kaum zu lesen waren.

Es gab sehr wenige Komponisten, die so arbeiten konnten wie Mozart und, soweit mir bekannt ist, auch sehr wenige Parfümeu-

re. Wenn ihnen auch bei der Arbeit das ideelle Bild des vollende-
ten Duftes vorschwebt, so ist dieses Bild nicht von Anfang an klar
geformt. Es nimmt erst im Laufe des Schaffensprozesses, während
des Niederschreibens von dreihundert Rezepturen, des Ausmischens und kritischen Abriechens, des Beobachtens, wie sie sich
entfalten, zunächst auf dem Papierstreifen, dann auf der Haut, des
Überarbeitens, hier eine Nuance zufügend und dort eine ab-
schwächend, des wieder Ausmischens und wieder Abriechens, allmählich und mühsam Gestalt an.

Vom Duftakkord zum Parfum

Die ersten Skizzen für ein neues Parfum sind meistens sehr einfach
und enthalten nur eine Handvoll Riechstoffe. Der Parfümeur ent-
wirft in ihnen den Grundakkord, auf dem das Parfum basiert. Das
Wort »Akkord« und die Analogie mit der Musik, die darin angedeutet ist, ist sehr zutreffend, denn ein guter Duftakkord vermittelt
den Eindruck, als wäre er nicht ein Gemisch aus verschiedenen
Elementen sondern eine Einheit, eine neue, in sich geschlossenen
Gestalt. (Denken Sie zurück an den Erdbeerakkord, Seite 125!) So
wie der Charakter des musikalischen Akkords nicht nur dem Klang
der einzelnen darin enthaltenen Noten entspringt, sondern vor
allem ihrem Verhältnis zueinander, so wird auch der Charakter des
Duftakkords vor allem von der Wechselwirkung zwischen den
Duftnoten, aus denen er aufgebaut ist, geprägt – mit einem wesentlichen Unterschied: In der Musik spielt die relative Tonstärke
der Noten eines Akkordes eine untergeordnete Rolle (sie sind meistens gleich stark), doch in der Parfümerie ist die relative Intensität
der individuellen Komponenten kritisch und muss sorgfältig ein-
gestellt werden, um den gewünschten Effekt zu erzielen.

Wenn der Grundakkord steht, geht der Parfümeur daran, ihn zu bereichern und zu verzieren. Er bringt subtile Schattierungen an, fügt Stoffe zu, die schroffe Kontraste mildern, Stoffe, welche die Ausstrahlung und die Haftung verstärken. Vorsichtig gibt er Nuancen zu, die Tiefe und Geheimnis schaffen, und brillante Glanzlichter. Man könnte sagen, dass der Grundakkord den Charakter des Parfums bestimmt und die hundert übrigen Komponenten seine Qualität. Diese Feineinstellung und Verzierung ist der zeitraubende Teil des Kompositionsvorganges, eine Arbeit von Liebe, Geduld und Perfektionismus.

Die Natur geht übrigens ganz ähnlich zu Werk wie der Parfümeur. Die meisten Pflanzenextrakte und -öle bestehen aus einer Vielzahl von Bestandteilen. In der Rose und dem Jasmin, den beiden Naturduftstoffen, die man am gründlichsten analysiert hat, wurden bisher über 300 verschiedene Komponenten identifiziert. Der Grundcharakter dieser beiden Blütendüfte wird bereits durch die drei bis fünf Hauptbestandteile bestimmt; die restlichen bewirken die Lebendigkeit, die Ausstrahlung und die Fülle.

Ich muss gestehen, dass die Beschreibung des kreativen Prozesses, die ich hier gegeben habe, ein wenig zu schematisch ist. Man kann den Grundakkord von den Verzierungen, den Charakter von der Qualität nicht klar trennen. Oft entdeckt der Parfümeur beim Anbringen von Nuancen Effekte, die den Charakter seines Werks verändern. Wenn er diese Effekte für interessant hält, ändert er seine ursprüngliche Idee und verleibt sie seiner im Werden begriffenen Komposition ein. Man kann also auch das Konzipieren der Duftidee und das Ausarbeiten der Rezeptur, die die Idee umsetzt, nicht völlig getrennt sehen. Es gibt immer Rückwirkungen vom konkreten Versuch auf die ideelle Vorstellung, und das Parfum nimmt im Wechselspiel von Idee und Versuch allmählich Gestalt an.

Parfümeure erzählen sich seit langem eine amüsante Geschichte über die Entstehung des berühmten *No 5* von Chanel. Als dieser Duft im Jahre 1921 kreiert wurde, löste er in Fachkreisen eine Sensation aus, aufgrund der gewagten Verwendung gewisser Riechstoffe, Aldehyde genannt. Diese synthetischen Substanzen waren den Parfümeuren schon seit einiger Zeit bekannt, aber man hatte sie immer in extrem niedrigen Dosierungen eingesetzt, damit ihre etwas fettige und synthetische Duftnote die Harmonie des Parfums nicht zerstöre. Im *No 5* wurden sie in unerhört hohen Anteilen eingesetzt und traten im Duftbild deutlich hervor – und doch hatte diese Duftschöpfung ihre eigene, eine ganz moderne Harmonie. Die Legende besagt nun, dass der hohe Aldehydanteil auf einen Irrtum des Laboranten zurückzuführen ist, der anstelle der in der Rezeptur beabsichtigten einprozentigen Lösung eine zehnprozentige einsetzte.

Wenn diese Geschichte wahr wäre, was gar nicht sicher ist, täte sie dem kreativen Genie von Ernest Beaux, dem Schöpfer des *No 5*, keinerlei Abbruch. Denn es erfordert ebenso viel Originalität und Kreativität, die künstlerischen Möglichkeiten in einem Irrtum zu erkennen, wie diesen »Irrtum« absichtlich herbeizuführen.

Der Ursprung von Duftideen

Man kann den Parfümeur, der eine Duftkomposition aus einem Grundakkord entwickelt, mit einem Musiker, der absolute Musik schreibt oder mit dem Maler eines abstrakten Bildes vergleichen. Bei ihnen allen ist die Quelle der Inspiration das Medium selbst, das Material, mit dem sie arbeiten, und ihre Werke wollen nur ihre inhärente Schönheit und Struktur ausdrücken und beschreiben, sonst nichts. Manchmal ist aber die Schöpfung eines Parfums nicht so abstrakt und es fließen Eindrücke und Konzepte, die außerhalb der Welt der Duftstoffe liegen, mit ein.

In seiner Beschreibung der Entstehung des *No 5* berichtet Ernest Beaux selbst, 25 Jahre später: »Bei Kriegsende (des Ersten Weltkrieges) hatte der Zufall mich weit über den Polarkreis hinaus in den hohen Norden verschlagen. Es war gerade die Zeit der Mittsommernächte. Wälder und Flüsse strömten einen Duft von außerordentlicher Frische und Reinheit aus. Aus diesem Duft ist das *No 5* entstanden.«[7]

Jacques Polge führte den Ursprung seiner Idee für *Coco* zurück auf den Tag, als er Mlle. Chanels Wohnung in Paris besuchte, die seit ihrem Tod unverändert erhalten war.

»Es gab dort goldene und lackierte Objekte, Wandschirme aus Koromandelholz, einen barocken Überfluss, der mich überraschte. Ich befasste mich zu der Zeit mit der Überarbeitung von *Cuir de Russie* und *Bois des Iles*, holzige, ledrige, würzige Düfte, die der Wohnung in der rue Cambon ähnelten: *Coco* sollte in dieser vergessenen Ecke des Chanel-Stils seinen Platz finden. Deshalb dieser Ambrégrundakkord von Oppoponax und Sandelholz aus Mysore, belebt durch würzige Nuancen wie die Blütenknospen der Gewürznelke aus den Molukken und eingeleitet durch eine Fantasie über kostbare Blumen, indischen Jasmin, Frangiani und bulgarische Rose.«[6]

Es gibt eine schöne Geschichte, die den Moment beschreibt, an dem Jacques Guerlain die Idee zu einem Parfum kam, das im Jahre 1912 auf den Markt gebracht wurde und das seinen Reiz bis heute bewahrt hat:

»An einem Sommerabend geht ein Mann von der Arbeit nach Hause. Er kennt die Landschaft, die unmittelbare Umgebung von Paris, wie seine Westentasche. Die Sonne ist untergegangen, doch die Nacht noch nicht hereingebrochen. Es ist die Stunde der Dämmerung. In dem tiefblauen Abendlicht verdichtet sich alles, die raschelnden Blätter, das plätschernde Wasser, um Liebe, Freundschaft und eine unendliche Zärtlichkeit auszudrücken. Plötzlich ist der Mann mit sich und den Dingen im Einklang. Ein wunderbarer Augenblick.

Der Mann, der da nach Hause geht, ist ein Dichter, Und ist es nicht die Aufgabe des Dichters, dem Augenblick Dauer zu verleihen? Gleich am anderen Morgen macht sich Jacques Guerlain an die Arbeit. Um diese unaussprechliche Empfindung einer Verzauberung nachzuahmen, vermischt er Moschus und bulgarische Rose. Er mildert ihr zu leidenschaftliches Verhältnis mit der sanfteren Schönheit von Iris und Heliotrop. Er fügt Duftnoten von Hölzern und feuchter Erde hinzu.

Es soll *L'Heure bleue* heißen, ein Parfum, das einen Hauch von Glück vermittelt.«[8]

> *Der Sommerregen hat*
> *Asphalt und Gartenerde*
> *Aus ihrem Hitzeschlaf erweckt*
>
> *Jetzt murmeln duftend sie*
> *Dunkles und Warmintimes*
> *Wie im Erwachen eine Frau*
>
> *Und ich weiß: Hier bin ich,*
> *Auf dieser Erde und in diesem Duft,*
> *Zuhause.*

Originalität und Tradition

Die Geschichte jeder Kunst und jedes Kunsthandwerks ist die Geschichte einer Auseinandersetzung zwischen Originalität und Tradition. Um seinen Ideen Ausdruck zu verleihen, verwendet der Künstler die Formen und die Techniken, die seine Vorgänger geschaffen haben. Revolutionen in der Kunst sind selten, und auch sie kann man nur in ihrem Bezug auf die Tradition, die sie zu überwinden suchen, begreifen.

Die Kunst der Parfümerie ist hier keine Ausnahme. Der Parfümeur schafft das Neue, indem er auf den Meisterwerken der Vergangenheit weiterbaut. Das Studium dieser Meisterwerke ist ein wesentlicher Teil seiner Ausbildung. Manch ein Parfum von hoher Originalität wurde geschaffen, indem der Parfümeur die Grundidee eines bestehenden Parfums aufgriff und die »Farbe« eines der Elemente des Grundakkords umwandelte. So entstanden beispielsweise die »Weiße Blüten«-Parfums der siebziger Jahre aus den klassischen Blumenbouquets früherer Jahrzehnte.

Andere entstanden dadurch, dass einem bekannten Akkord eine neue Nuance zugefügt wurde. So fügte zum Beispiel Guerlains *Mitsouko*, einer klassischen Note, die nach siebzig Jahren nichts von ihrer Eigenständigkeit verloren hat, dem *Chypre* von Coty eine pfirsichartige Nuance hinzu. Piguets *Bandit*, ein herrliches Parfum, das heute zu Unrecht in Vergessenheit geraten ist, entstand aus dem gleichen *Chypre* durch Zufügung einer ledrigen Note. Nach der Aussage eines anderen großen Parfümeurs bestand Ernest Beaux' Idee für *No 5* darin, dem *Idéal* von Houbigant, einem erfolgreichen Parfum der Zeit, eine ausgeprägte Aldehydnote zuzusetzen.[7]

Offensichtlich sind die großen Parfums der unmittelbaren sowie der ferneren Vergangenheit eine wichtige Quelle der Inspiration des kreativen Parfümeurs.

Inspiration und Marketing

Die Schöpfung eines Parfums ist ein Wechselspiel zwischen Ideen und Realisierungen, ein Dialog zwischen Geist und Materie, dem die Fähigkeit des Parfümeurs, Duftideen umzusetzen, seine Kenntnis der Rohstoffe und ihrer Wechselwirkungen, und vor allem seine ästhetische Intuition und seine Fantasie Richtung geben.

Aber weil der Parfümeur nicht allein auf der Welt ist, weil die Parfümerie eine angewandte Kunst ist und ein neues Parfum nicht nur ästhetisch wertvoll sondern auch erfolgreich sein muss – und weil die wirtschaftlichen Konsequenzen von Erfolg oder Misserfolg in erster Linie nicht auf den Parfümeur, sondern auf seinen Auftraggeber zurückfallen – deshalb wird der kreative Prozess auch durch die Vorstellungen des Marketingmanagers und, im Falle eines Designer-Parfums, durch den Stil des Designers beeinflusst.

Die Entwicklung des Duftes *Opium* wurde bestimmt durch die Vorstellung, die Yves St. Laurent im Jahre 1974 von der Mode hatte, die er drei Jahre später (so lange dauert es von der Idee zur Einführung eines großen Parfums) kreieren wollte: »orientalisch, mit Gold, Rot und Violett«.[9] *Loulou* sollte ein Duft werden, der dem leidenschaftlichen Charakter der Heldin Lulu in Pabsts Film »Pandora's Box« entsprach. Bei *Calandre* wollte Paco Rabanne die Idee eines Liebespaares in einem neuen Sportwagen mit Ledersitzen umgesetzt sehen. Bei *Fahrenheit* sollte der Duft die Anmutung von rotem Licht ausstrahlen.

Die Konzepte des Marketing und die Tests spielen heute bei der Entwicklung eines Parfums eine wesentliche Rolle. Wir denken mit einer gewissen Wehmut zurück an die Tage eines Jacques Guerlain, als ein Parfum kreiert werden konnte auf der Basis der Inspiration eines Augenblicks.

Doch die idyllische alte Zeit ist wahrscheinlich auf immer vorbei,

denn heute ist die Einführung eines neuen Parfums ein risikorei-
ches Unterfangen, bei dem Millionenbeträge auf dem Spiel stehen.

Wie jedoch Pierre Dinand, der Designer, von dessen Hand die
Flakons vieler der großen Parfums der letzten 20 Jahre stammen,
weise bemerkt, ist es mit Konzepten, Plänen und Tests allein nicht
getan. »Alles wird vorhergesehen, organisiert, geplant. Alles, bis
auf die Magie, das, was man den Genius eines Parfums nennen
könnte. Gute und böse Feen nehmen sich des ›jus‹ an (so nennen
wir den Duft im Fachjargon), spielen mit dem Namen, manipulie-
ren den Flakon, und wenn der gute Zauber die Oberhand hat,
schenkt er dem Parfum ewige Jugend.«[14]

Immer schon hatten die Modeschöpfer, die einem Parfum ihren
Namen gaben und die Unternehmer, die es in den Handel brach-
ten, einen Einfluss auf seine Gestaltung.

Eine Anekdote zur Entstehung von Chanels *No 5*, besagt, dass
Coco Chanel von zehn nummerierten Proben, die ihr der Parfümeur Ernest Beaux unterbreitete, das mit der Nummer 5 bezeichnete wählte, weil 5 ihre Glückszahl war.[11]

> *Wie die Erinnerung*
> *so schön*
> *Die dem Flakon,*
> *fast leer, entströmt*
> *Kann keine Ballnacht*
> *je gewesen sein.*

Hat sie also diesen Duft, der die Geschichte der Parfümerie prägen
sollte wie kaum ein anderer, nur der Zahl wegen gewählt? Es könnte wahr sein. Düfte sind nicht rational, und die Geschichte der Parfums ist es ebenso wenig.

Manche Parfümeure bedauern die Tatsache, dass sie heute in ihrer schöpferischen Tätigkeit nicht vollkommen frei sind. Ich meine, dass sie damit Unrecht haben. Kunstwerke entstehen immer aus der Auseinandersetzung zwischen dem künstlerischen Impuls und den Einschränkungen der Praxis. Die größten Meisterwerke der Musik, der Malerei und der Architektur wurden von Künstlern geschaffen, die unter Aufgabenstellungen arbeiteten, die sie einengten. Leonardos »Mona Lisa« und Rembrandts »Nachtwache« waren Auftragsarbeiten, die genauen Spezifikationen entsprechen sollten. Die Konzentration der Ideenverarbeitung in Mozarts Salzburger Messen war unmittelbare Folge des Umstandes, dass sein Auftraggeber, der Erzbischof, nicht länger als 45 Minuten stillsitzen konnte. Warum sollte es in der Parfümerie anders sein? Trotz des zunehmenden kommerziellen Druckes sehe ich kein Verdorren der Kreativität, keine Ebbe im Fluss der Ideen. Die Kunst der Parfumkreation ändert sich mit der Welt, in der sie lebt, und sie ist heute so dynamisch und vital wie eh und je.

Die Flakons der Träume

Im Erleben eines Parfums spielt der Flakon im doppelten Sinn eine zentrale Rolle. Zum einen, weil er unsere Wahrnehmung des Duftes wesentlich beeinflusst, und zum anderen, weil uns das Parfum als Objekt und Symbol, als Traum, in dem die Verheißung der Werbung mit den Sinneserfahrungen von Auge, Haut und Nase unentwirrbar verwoben sind, mehr ist als ein bloßes Dufterlebnis.

Der Flakon spricht uns durch alle seine Eigenschaften an – zunächst das Auge durch Form und Design, durch Farbe oder Transparenz, und dann den Tastsinn durch seine Rundheit oder Kantigkeit, seine Glätte oder sein Relief, seine Kühle oder Wärme, sein Gewicht und die Weise, wie er in der Hand liegt.

Der Einfluss, den er auf unser Erleben des Duftes hat, ist nicht zu unterschätzen. Das Auge ist weit mehr geübt im Einstufen und Beurteilen als die Nase. Wir erkennen einen Flakon unmittelbar als streng oder verspielt, funktionell oder phantastisch, kostbar oder billig, modern oder traditionell, orientalisch oder europäisch. In der Einstufung eines Duftes nach solchen Kategorien sind wir nicht so sicher und deshalb wird die Nase durch die Eindrücke des Auges beeinflusst. Dazu kommt noch, dass der Flakon oft in der Werbung abgebildet wird; so wird er zum Vehikel, das die Verheißungen der Werbung auf die Sinneserfahrung des Duftes überträgt. Und schließlich prägt die Erfahrung des Flakons die des Duftes, weil sie ihr zeitlich immer vorausgeht. Man sieht den Flakon und hält ihn in der Hand, bevor man den Duft aufgetragen oder versprüht hat.

Deshalb ist es eigentlich nicht erstaunlich, dass in einem Test an Parfümverwenderinnen ein bloßer Wechsel der Farbe des Etiketts die Beurteilung eines Parfums deutlich beeinflusste,[12] und dass in einem anderen Test, in dem der gleiche Duft in drei sehr unterschiedlichen Flakons dargeboten wurde, keine der vierzig Testpersonen überhaupt merkte, dass es sich bei den drei Proben um den gleichen Duft handelte.[13]

Der Flakon ist aber, über den Einfluss auf das Dufterlebnis hinaus, eine eigenständige, wesentliche Dimension des Kunstwerks Parfum. Ein guter Flakon ist ein Behälter für den Duft aber gleichzeitig ein plastisches Kunstwerk, er ist die Verkörperung einer Idee, er ist Dekoration, Hervorhebung aus dem Alltäglichen, Prestigeobjekt, Quelle des Stolzes und des Genusses. Zurückgehend bis in die ältesten Ausgrabungen finden wir Gefäße für den Duft, die aus kostbaren Materialien geschaffen, kunstvoll gestaltet und reich und phantasievoll verziert wurden. Diese Tradition setzt sich bis in die Gegenwart fort.

Das phantastische Formenspiel bei den Flakons von Niki de St. Phalle und Salvador Dali, die Juwelen aus Glas bei Paloma Picasso und Boucheron, das Aufgreifen der Tonalität der Werbefotografie bei *Anaïs Anaïs* und *Nina* und der Struktur des Kleides bei *Diva*, des Fächers bei *KL*, die sensationelle Glasskulptur von *Montana*, die seltsame Spannung zwischen Flakon, Duft und Werbung bei *Loulou* – dies sind nur einige Beispiele von vielen, bei denen der Flakon einen ganz wesentlichen Beitrag zum Wert und zur Eigenart des Parfums leistet.

Bei der Kreation eines Parfums ergeben sich die Harmonie und das Zusammenspiel zwischen Duft und Flakon zumeist nur indirekt dadurch, dass Flakondesigner und Parfümeur, jeder auf seine Weise, das zentrale Konzept des Parfums umsetzen oder sich vom Stil des Mode- oder Schmuckdesigners, der dem Duft seinen Namen gibt, inspirieren lassen. Pierre Dinand beschreibt seine Rolle so: »Ich bin ein Übersetzer der Träume der Modedesigner, ihrer Ideen und Phantasien und ich muss sie konkretisieren.«[10] Zwar sagt Serge Manseau, er betrachte sich »als Regisseur des Stückes, bei dem der Text das Parfum ist«,[14] aber ein direkter Dialog zwischen Flakondesigner und Parfümeur findet nur selten statt.

Die Quellen der Inspiration des Flakondesigners sind ebenso vielfältig wie die des Parfümeurs. Manchmal kommt sie abstrakt aus den Eigenarten seiner Materialien, manchmal greift sie, wie bei *Chloé* und *Kenzo*, die Form einer Blüte auf oder, wie bei *Roma*, die einer antiken Säule oder, wie bei *Opium*, Farbe und Textur chinesischen Lackwerks. Der Flakon der *Salvador Dali* Parfums ist direkt Mund und Nase der Aphrodite aus einem Gemälde des Meisters nachgebildet. Serge Manseau berichtet, es hätte ihn ein Gebäude in Dallas zu dem Flakon für *Scherrer 2* inspiriert, und die Idee zum fantastischen Flakon für *Montana* sei aus den Konzepten eines Korkenziehers, einer Museumstreppe und eines schraubenartigen Objektes entstanden.[14] Pierre Dinand berichtet, dass er sich bei der Schöpfung des Flakons für Calvin Kleins *Obsession* weniger durch dessen Ideen über Mode als durch seine Sammlung von seltsam geformten Steinen und Ambrabrocken inspirieren ließ.[10]

Der Modedesigner und sein Parfum

Wenn wir sagen, dass ein Designer einem Parfum seinen Namen schenkt, soll das nicht so verstanden werden, als geschehe es im Nachhinein, wenn das Parfum fertig ist. Oft gehen schon die Idee für ein neues Parfum und der Wunsch, es zu schaffen, von ihm aus. Dabei spielen vielerlei Motive ein Rolle. Er mag den Wunsch hegen, nicht nur das Äußere der Frau, sondern, in Jacques Polges Worten,[15] auch »die innere Dimension ihrer Weiblichkeit« zu gestalten. Es ist ihm auch daran gelegen, dass viele Frauen, die seine Haute Couture nicht kaufen können, durch ein Parfum den Zugang zu seiner Welt haben. Wie Pierre Dinand bemerkt, kommt noch dazu, dass »dem Haute Couture Designer die Zeit« (man könnte auch sagen: die Vergänglichkeit) »eine Obsession ist. Eine Kollektion jagt die andere … Das Parfum ist ewig. Es erscheint logisch, dass der Couturier sein Genie und seinen Erfolg durch ein Werk zu unterstreichen sucht, das von allem Zeitgebundenen frei ist. So lässt er seiner Phantasie freien Lauf, um das Parfum zu beschreiben, das seinen Namen tragen und seiner Persönlichkeit Tiefe verleihen soll.«[10]

Es ist ein seltsames Team, das sich bei der Schöpfung eines Parfums zusammenfindet. Da müssen Parfümeure und Werbefachleute, Marketingmanager, Modedesigner und Flakonkreateure sich auf ein gemeinsames Ziel einstimmen, da muss ein jeder auf seine Weise die unvermeidlichen Spannungen zwischen der kreativen

Idee und dem wirtschaftlich und technisch Machbaren, zwischen Perfektionismus, der nie zufrieden ist, und einem Zeitplan, der drängt, finden. Wenn alles gut geht, entsteht aus diesem Wechselspiel schließlich ein Kunstwerk, das Menschen in ganz unterschiedlichen Erdteilen und Kulturen gleichermaßen anspricht, das seine Aktualität über Jahre oder Generationen hinweg bewahrt, und bei dem die Frau, die es liebt, dennoch das Gefühl hat, es gehöre ihr ganz allein.

Die geheime Sprache der Düfte

Düfte als Zeichen

*I*n der Tierwelt sind die Düfte ein reichhaltiges Zeichensystem. Mit ihnen wird das eigene Territorium markiert, werden Artgenossen als Verwandte und Fremde klassifiziert, wird die Bereitschaft zur Paarung verkündet und erkannt, die Beute oder der Jäger erspäht und die Nähe von Feuer oder Wasser wahrgenommen.

Im Leben der Menschen spielen Düfte nicht die gleiche Schlüsselrolle. Wir haben andere, weit vielseitigere Zeichensysteme entwickelt, allen voran die Sprache und die Schrift. Und doch haben wir weder den Instinkt noch die Fähigkeit, Düfte als Zeichen zu deuten, ganz verloren. Die Augenblicke, in denen wir uns, ohne Fragen zu stellen, dem Genuss eines Duftes hingeben, sind seltene Ausnahmen. Normalerweise versuchen wir, einen Duft einzustufen, sobald wir ihn wahrnehmen. Ganz unbewusst und ungewollt trachten wir danach, den Duft mit seiner Quelle zu verknüpfen, denn in der Quelle liegt seine Bedeutung. Das Aroma von frischem Kaffee verheißt das Frühstück, der Geruch von Möbelpolitur ist ein Zeichen für den gepflegten Haushalt, Gasgeruch warnt uns vor Gefahr, und der Duft eines Parfums... Aber so weit sind wir noch nicht.

Im Laufe unseres ganzen Lebens erlernen wir die Sprache der Düfte so wie Kinder das Sprechen lernen. Wir leiten die Bedeutung eines Geruchs ab von der Situation, in der wir ihm zum ersten Mal begegnet sind. Der Duftpsychologe Trygg Engen sagt zur Reaktion von Kindern auf Gerüche: »Die Reaktion ist wie auf Signale, deren Bedeutung aus der Situation, in der sie auftreten, bestimmt wird.«[1] Deshalb können manchmal die gleichen Düfte Unterschiedliches bedeuten für Menschen, die zu verschiedenen Kulturen oder zu verschiedenen Generationen gehören, weil sie sie mit unterschiedlichen Situationen verbinden.

So ist Lavendel für junge Deutsche ein »Großmutterduft«, weil in Deutschland Lavendelwässer bis in die fünfziger Jahre beliebt waren und dann aus der Mode gerieten. Für Südamerikaner dagegen bedeutet der Duft Familienleben und die beschützte Welt der Kindheit, weil dort Lavendelduftwässer immer noch zur Erfrischung von der ganzen Familie verwendet werden. Älteren Europäern bedeutet der Duft von Citronellaöl Waschtag und frischgemachte Betten, weil früher die Haushaltsseifen fast universell mit Citronella beduftet wurden. Für Nordamerikaner derselben Generation weckt der gleiche Duft Erinnerungen an heiße Sommernächte, weil Citronellaöl in den Vereinigten Staaten zur Vertreibung von Insekten verwendet wurde. Bei der jungen Generation in beiden Erdteilen ist der Duft wenig bekannt und weckt keine bestimmte Assoziation.

Einsam wandere ich lange
Inmitten Schatten, Vogelrufen, Rauschen

Da wittere ich,
Ein Hauch nur im Akkord von Stämmen, Blättern, Erde,
Vanillesüßen Pfeifenrauch.

Ich bin nicht mehr allein,
Und der Wald ist nicht mehr
Der gleiche wie soeben.

Neben den Assoziationen, die ganze Kulturen gemeinsam haben, können Gerüche auch rein persönliche Bedeutungen vermitteln. Die Welt, die der Duft eines in Tee gestippten Biskuits in Prousts Erinnerung wachrief, war die Welt seiner Kindheit.[2] Der kühle, rußige Duft alter steinerner Gebäude wird mich immer an das Treppenhaus meines Großvaters in Wien erinnern.

Wir haben alle solche persönlichen Assoziationen, und sie gehen zumeist in die Kindheit zurück, den Lebensabschnitt, in dem wir für Sinneseindrücke am empfänglichsten sind. Sie können detaillierte Erinnerungen und starke Emotionen auslösen, aber zum Glück ist ihre Anzahl im Vergleich zur Fülle des Duftvokabulars, das wir mit unseren Kulturgenossen teilen, gering. Zum Glück, denn die Botschaft und der Reiz von Parfums beruhen auf Duftbedeutungen, die uns allen gemeinsam sind.

Was uns die Parfumbestandteile sagen

Wenn wir einen Duft wahrnehmen und uns fragen, was es sein könnte, sind unsere Assoziationen in den meisten Fällen nicht klar umrissen. Wir erkennen den Duft etwa als »erdig« oder als »einen Küchengeruch« oder als »den Duft von Blumen«, ohne dabei an eine spezifische Situation zurückzudenken und ohne genau sagen zu können, an welches Gewürz oder an welche Blume wir erinnert werden.

Wenn wir einen Geruch nur ungefähr erkennen, sind auch die Assoziationen, die er auslöst, mehr oder weniger diffus. So erinnert uns vielleicht ein schwüler, üppiger Blumenduft an laue Sommernächte. Ein Gefühl von erfüllter Reife und von Sinnlichkeit liegt in einem solchen Duft. Eine leichte Blumennote hingegen, die etwas Säure von Früchten und Grünheit von Knospen hat, erweckt in uns die Stimmung eines frühen Sommermorgens oder des Frühlings; diese Duftnoten sind jung, mädchenhaft, erwartungsvoll. Ein dunkler Blumenduft mit der honigartigen Wärme von Trockenblumen vermittelt die süße Melancholie eines schönen Herbsttages. Meistens empfinden wir blumige Düfte als mild und sanft. Sie erinnern uns an die Natur – und an Frauen.

Es ist erstaunlich, wie sich die Verflechtung von Blumen und Frauen durch alle Zivilisationen und alle Zeitalter hindurchzieht. Wo und wann immer Männer von Frauen fasziniert waren, haben sie sie mit Blumen verglichen. Wo und wann immer Frauen ihre Reize ausgespielt haben, haben sie sich der Hilfe von Blumen bedient, von natürlichen Blumen in voller Blüte, von den Farben und Formen der Blumen in ihren Kleidern, vom Duft der Blumen in ihren Parfums. Sind wir in unserem tiefsten Wesen immer noch so stark mit der Natur verbunden, dass wir ein Band mit der »Sexualität« der Pflanzen empfinden?

Der Blüte entspringt die Frucht. In der Welt der Düfte spiegelt sich dies in einer Fülle subtiler Übergänge und Harmonien zwischen blumigen und fruchtigen Noten. Wir können, wie bei den blumigen Düften, einen Geruch als »fruchtig« erkennen ohne genau sagen zu können, an welche Frucht er uns erinnert. Dafür gibt es eine logische Erklärung: Die Natur ist ein sparsamer Chemiker, und sie verwendet die gleichen Bestandteile, in unterschiedlichen Zusammensetzungen, in vielen verschiedenen Früchten. Das Gleiche gilt im Übrigen für die Blumendüfte, die ebenfalls viele Gemeinsamkeiten miteinander aufweisen. Aus der Sicht des Chemikers haben sogar die Blüten und die Früchte vieles gemeinsam.

Bei den fruchtigen Düften ist das Spektrum ebenfalls breit. Es gibt klare, einfache, die uns an die Gärten unserer Kindheit erinnern, und schillernde, üppige, die eine Vision orientalischer Märkte heraufbeschwören. Es gibt Aromen mit der grünen Säure unreifer Früchte, andere mit der spritzigen Frische von Citrusfrüchten und solche mit der dunklen Süße von Rosinen und Trockenpflaumen.

Auch Holzdüfte erinnern uns an die Natur, aber sie sind Teil einer anderen, weniger zarten Welt – die Welt der Wälder, der Förster und Jäger, des gesunden, aktiven Lebens im Freien. Hier dominieren braune und grüne Farbtöne und silbergraue Nuancen. Es ist eine maskuline Welt. Weil wir den Duft von Dingen als einen Ausdruck ihres innersten Wesens empfinden, schwingen im Duft eines Baumes alle seine Eigenschaften mit: Festigkeit und Bodenständigkeit und eine Stärke, die nicht steif und feindlich ist, sondern schmiegsam und voll der Weisheit des Alters.

Es gibt auch in den Walddüften tausend Schattierungen, von der Süße eines frisch gefällten Stammes auf einer sonnigen Lichtung zur modrigen Bitterkeit von Wurzeln und Moosen, von der kühlen Klarheit von Fichtennadeln und Eukalyptus, die zum tiefen Durchatmen einlädt, bis zur staubigen Trockenheit von Sägespänen, die uns den Atem verschlägt.

In den würzigen Düften von Gewürznelke, Muskatnuss und Ingwer finden wir gleichzeitig eine warme Sinnlichkeit und einen pikanten Biss, der uns herausfordert, weil er fast ein Schmerz ist. Wenn solche Düfte in herben, kühlen Parfums verwendet werden, wirken sie männlich, dynamisch, sportlich. Süßen, warmen Düften hingegen erteilen sie sinnliche, exotische, »orientalische« Nuancen.

Die Süße und Wärme in Parfums stammt oft von Vanille und von zimtigen Duftnoten, oder von den Harzen gewisser tropischer Bäume mit exotischen Namen wie Styrax und Tolu. Der Parfümeur nennt solche süßen Harznoten »balsamisch«. Zusammen mit Holznoten können sie zu exquisiten und sehr femininen »pudrigen« Effekten führen.

Im Duft von Kräutern wie Rosmarin, Salbei und Thymian spüren wir die anregende Frische, die sie dem Geschmack von Speisen verleihen und auch ihre die Gesundheit fördernde Kraft. Eine ähnlich natürliche Würze finden wir auch in den Heunoten des Riechstoffes Cumarin und des Extraktes der Tonkabohne, aber diese wirken wärmer, wohl weil sie uns an den Spätsommer gemahnen.

Die eigenartige Duftnote der »Aldehyde«,[3] die gleichzeitig kühl und weich, fettig, chemisch, und ozonartig anmutet, wirkt in einer Duftkomposition oft wie ein leichter Nebel oder wie der Weichzeichner in den Fotografien von David Hamilton und Sarah Moon, der die Konturen verschwimmen lässt und eine traumähnliche, geheimnisvolle Atmosphäre schafft.

Wie Abendnebel kühl seinen Schleier
Über den kalmusduftenden Teich legt
(Weiß lässt leuchtend die Seerose
Ihre Konturen ahnen),

So verhüllt zart offenbarend ihr Parfum
Das süße Geheimnis ihres jungen Körpers.

Das Duftwirkungsschema

Mein Vater hat ein einfaches Schema entwickelt, in dem seine grundlegenden Gedanken zur Duftpsychologie zum Ausdruck kamen.[4] Dabei legte er die blumigen Düfte und auch die süßen, warmen Duftnoten der Balsame in den »narkotischen« Bereich des Diagramms, und die moosigen, holzigen, die krautigen und die würzigen Noten auf die »stimulierende« Seite. Der Gedanke, dass die Welt der Blumendüfte in ihrem Wesen sanft und passiv ist und die Welt der Holz-, Moos- und Kräuterdüfte härter und aktiver, liegt also der waagrechten Achse des Schemas zu Grunde.

Die senkrechte Achse, die er als »erogen – antierogen« bezeichnete, war für sein Verständnis ebenso grundlegend. Die »erogenen« Düfte sind diejenigen, die auf irgendeine Weise an den Duft des menschlichen Körpers erinnern. Die Riechstoffe aus dem Tierreich, also Moschus, Ambra, Zibet und Castoreum sowie die synthetischen Komplexe, durch die diese Stoffe heute weitgehend ersetzt werden, sind die wichtigsten Träger solcher Duftnoten. Erstaunlicherweise gibt es aber auch Stoffe mit »animalischen« Duftnoten in vielen vom Parfümeur hochgeschätzten Blütenextrakten wie zum Beispiel Jasmin, Orangenblüten absolu und Cassis absolu, dem Extrakt der Blütenknospe der schwarzen Johannisbeere.

Es mutet vielleicht merkwürdig an, wenn »animalische« Duftnoten, die an Körpergerüche erinnern, als »erogen«, also Liebe erweckend, sexy bezeichnet werden. Es ist Teil der puritanischen Tradition, die unsere Kultur während der letzten 200 Jahre beherrscht hat, dass wir die natürlichen Gerüche des Körpers als schlecht und abstoßend betrachten. Es ist seit langem eine Grundregel der Körperpflege, dass zu einem gepflegten Eindruck ein duftfreier Körper gehört. Folgerichtig haben wir die Körpergerüche weitgehend unterdrücken gelernt und sie durch die Düfte von Seife und Zahncreme, Deodorants und Duftwässern ersetzt.

Und dennoch zeigt die Beobachtung anderer, weniger puritanischer Kulturen und beweisen auch psychologische Studien, die in unserer Gesellschaft durchgeführt wurden, dass unsere Körper Duftkommunikationssysteme haben, die uns gar nicht zum Bewusstsein kommen. Sicherlich werden wir von Körpergerüchen, wenn sie einen bestimmten Grad der Intensität überschreiten, abgestoßen, aber in ganz geringen Konzentrationen können sie Vertrautheit, menschliche Wärme und auch sexuellen Reiz vermitteln. Und in solch geringen Dosen werden Duftstoffe, die an den Körper erinnern, in Parfums eingesetzt. Wie mein Vater beobachtet hat, gibt es, zumindest in unserem Jahrhundert, kein erfolgreiches Parfum, das nicht solche Stoffe enthält.

Als Erklärung hat man vorgeschlagen, dass die Verwendung dieser Stoffe in der modernen Parfümerie gerade durch die Perfektion unserer Hygiene notwendig geworden ist. Weil wir die natürlichen Duftsignale unseres Körpers so radikal beseitigt haben, müssen wir sie durch künstliche in unseren Parfums ersetzen. Eine witzige Theorie, die aber nicht erklären kann, warum Moschus, Zibet und Ambra schon lange vor den Tagen unserer modernen Hygiene so beliebt waren. Immer schon haben die Menschen diesen Stoffen eine aphrodisische Wirkung zugeschrieben.

Mein Vater meinte, dass ein Parfum stets auch ein Sexuallockmittel sei, ein Komplize der Verführung. Ich glaube eher, dass die Stoffe, die an den Duft des Körpers erinnern, eine Art Bindeglied zwischen dem Parfum und dem Körper bilden. Ohne sie würde das Parfum, bildlich gesprochen, wie ein Fremdkörper auf der Oberfläche der Haut liegen. Durch sie verschmelzen in unserem Empfinden der Duft und die Haut. Wie eine Werbeanzeige[5] es so schön ausdrückte: »Le parfum« est la musique du corps«, das Parfum ist die Musik des Körpers, eben durch die »erogenen« Duftstoffe, die dem Duft menschliche Wärme verleihen.

Am anderen Ende des Spektrums finden wir die kühlen »antierogenen« Duftnoten. Die harzigen und grünen Noten gehören hierher, und auch die Citrusnote eines Erfrischungswassers.

Jeder Versuch, die Welt der Düfte samt ihrer psychologischen Bedeutungen und Wirkungen in einem simplen Diagramm darzustellen, muss übermäßige Vereinfachungen in Kauf nehmen; so auch dieser. Die Grundidee des Schemas konnte jedoch in großangelegten Tests mit Parfumverwenderinnen bestätigt werden.[6]

Das Duftwirkungsschema (rechts oben) hat in jüngster Zeit die Aufmerksamkeit eines Farbpsychologen gefunden, der es mit dem klassischen Farbspektrum in Zusammenhang brachte[7] (rechts unten), und auch die eines Aromatherapeuten, der es in einen interessanten »Stimmungskreis« (Seite 167) integrierte, der auch die vier »Elemente« der klassischen griechischen Philosophie und die vier Jahreszeiten enthält.[8]

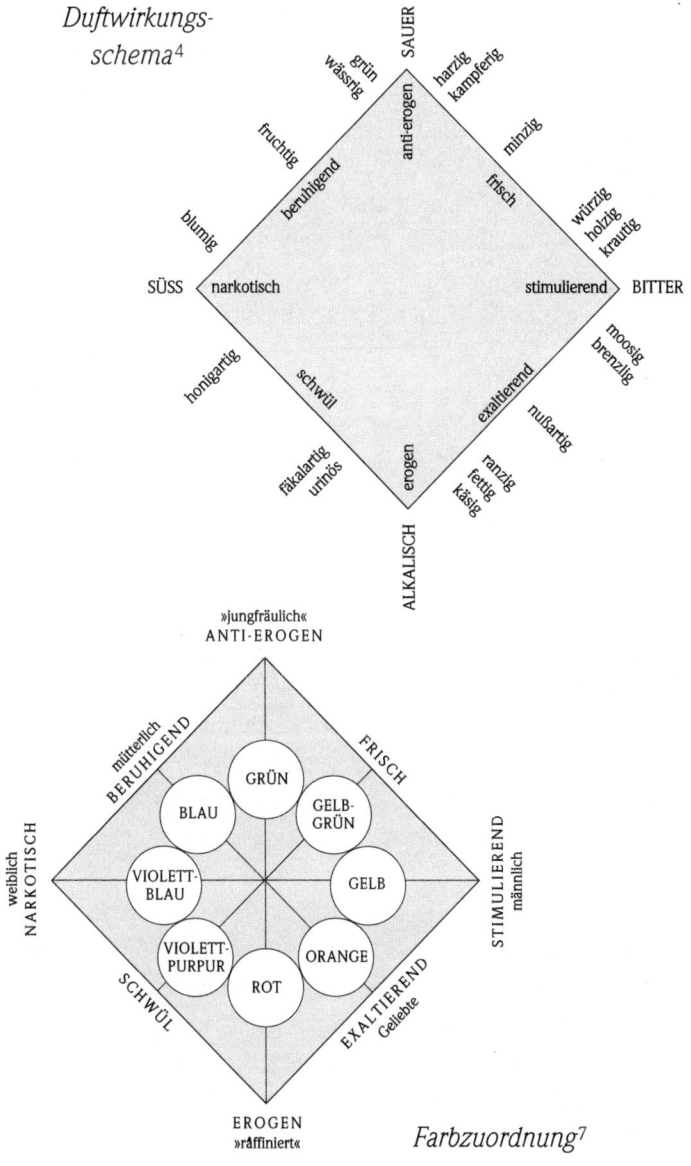

Duftwirkungs-schema[4]

SAUER

grün
wässrig
anti-erogen

harzig
kampferig

minzig

fruchtig

frisch

beruhigend

würzig
holzig
krautig

blumig

SÜSS   narkotisch   stimulierend   BITTER

moosig
brenzlig

honigartig

schwül

exaltierend

nußartig

fäkalartig
urinös

erogen

ranzig
fettig
käsig

ALKALISCH

»jungfräulich«
ANTI-EROGEN

mütterlich
BERUHIGEND

FRISCH

GRÜN

BLAU

GELB-
GRÜN

weiblich
NARKOTISCH

VIOLETT-
BLAU

GELB

STIMULIEREND
männlich

VIOLETT-
PURPUR

ORANGE

ROT

SCHWÜL

EXALTIEREND
Geliebte

EROGEN
»raffiniert«

Farbzuordnung[7]

Duft als heilende und
stimmungsfördernde Kraft

Zu allen Zeiten haben die Menschen an eine Kraft in Düften geglaubt, die über den Genuss und über das Wecken von Erinnerungen hinausgeht, eine Kraft, die unmittelbar auf das emotionale Befinden und die Gesundheit einwirkt. Die Ärzte im klassischen Griechenland und die Praktiker der mittelalterlichen Kräuterheilkunde haben sich intensiv mit duftenden Pflanzen befasst. Die Ärzte des 17. und 18. Jahrhunderts waren sowohl von der krankmachenden Wirkung böser Ausdünstungen wie von der heilenden und schützenden Wirkung guter Düfte überzeugt.[9] Rosmarin sagt man nach, »das Gehirn zu stärken« und Pfefferminz neben einer ebenfalls gehirnstärkenden Wirkung die Kraft, das Erinnerungsvermögen zu bewahren.[10] Im Jahre 1675 schrieb Madame de Sévigné über das *Eau de la Reine de Hongrie*, ein Destillat von Rosmarin, das sich bei den Damen der Zeit großer Beliebtheit erfreute: »Es ist himmlisch ... Wenn man sich daran gewöhnt hat, kann man es nicht mehr entbehren. Es hilft mir gegen die Traurigkeit.«[11]

In den zwanziger Jahren dieses Jahrhunderts lebte das Interesse an der Fähigkeit von Düften, das psychische Befinden zu beeinflussen, wieder auf. Zwei italienische Forscher schrieben in einem Artikel über »Die Wirkung von Essenzen auf das Nervensystem«, dass »der Geruchssinn durch Reflexwirkung einen gewaltigen Einfluss auf die Funktionen des zentralen Nervensystems hat.« Sie stellten, unmittelbar nachdem die Geruchsrezeptoren in der Nase mit den Dämpfen ätherischer Öle in Berührung gekommen waren, Veränderungen in der Pulsfrequenz, im Blutkreislauf und in der Tiefe der Atemzüge fest und führten mehrere Öle an, die eine beruhigende Wirkung zeigten sowie andere, die stimulierend wirkten.[12]

Diese Untersuchungen wurden seit Mitte der siebziger Jahre von

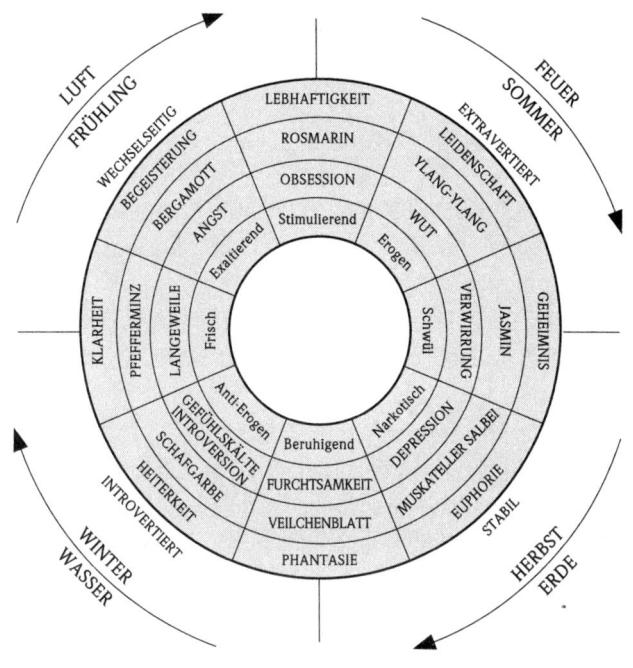

Stimmungskreis[8]

einer großen Anzahl von Forschern in den USA, Japan und Europa weiterverfolgt.[13] Es kann heute als erwiesen gelten, dass die Substanzen, aus denen die Parfums bestehen, uns nicht nur durch das Wecken von Erinnerungen und Assoziationen beeinflussen können, sondern auch durch biologische Einwirkung auf das Hormonsystem und das zentrale Nervensystem.[14]

Wie das Aufgreifen des Duftwirkungsschemas eines Parfümeurs durch den Aromatherapeuten Robert Tisserand zeigt, schließen sich die zwei Betrachtungsweisen, Duft als Zeichen und Duft als biologischer Wirkstoff nicht unbedingt gegenseitig aus, sondern ergänzen einander.

Was uns die Parfums sagen

Was ich bisher über die Aussagen und Wirkungen von Düften gesagt habe, hat sich fast ausschließlich auf einzelne Riechstoffe und auf einfache Duftkomplexe wie zum Beispiel blumige Düfte bezogen. Parfums sind aber niemals so einfach. Kann man sagen, dass sich die Aussage und die Wirkung eines Parfums aus der Summe seiner Einzelbestandteile ergibt? Ja und nein. Zweifellos trägt jeder Bestandteil auf seine Weise zur Gesamtwirkung bei. Ein Parfum, in dem zum Beispiel der Duft der Zitrone und das Aroma frischer Gartenkräuter deutlich hervortreten, wirkt belebend, jung und natürlich. Moschus und orientalische Balsame verleihen jedem Parfum, in dem sie eingesetzt werden, Tiefe, Wärme und Sinnlichkeit.

Häufig findet man in Frauenzeitschriften und auf den Packungen von Parfumproben Beschreibungen, in denen die Hauptbestandteile eines Duftes aufgezählt werden. Dahinter steht der Gedanke, dass man sich aus dem Charakter dieser Bestandteile ein Bild der Wirkung des Parfums machen kann.

Das ist aber nur bedingt möglich. Denn ein Parfum ist eben weit mehr als die Summe seiner Teile. So wie die Anmutung eines Farbflecks in einem Bild und die Wirkung eines Tones in einem musikalischen Akkord entscheidend durch die Gesamtheit des Bildes und durch die anderen Noten im Akkord geprägt werden, so ergibt sich auch der Effekt einer Duftnote erst aus dem Zusammenhang, in dem sie auftritt.

Duftnoten beeinflussen sich gegenseitig in ihrer Wirkung, und es entstehen in Duftmischungen oft ganz unerwartete Effekte. Darin liegt das Geheimnis der Duftakkorde. Wenn wir beispielsweise holzige und balsamische Düfte mischen, erfolgt nicht eine Neutralisierung der Weichheit und Süße der Balsame durch die Härte und Trockenheit der Hölzer, sondern es entsteht etwas ganz Neues: ein luxuriöser, betörend femininer »pudriger« Akkord! Fügt man noch einen Hauch weicher, wachsartiger und kühler Aldehyde hinzu, so wird das Ganze noch feiner, noch mehr »Parfum«. Es gibt unendlich viele solcher Wechselwirkungen, und wann immer sie auftreten, entsteht eine neue und unerwartete Duftaussage.

Darüber hinaus können kontrastierende Duftnoten auf unterschiedliche Weise miteinander verknüpft werden, und je nachdem, wie es geschieht, ist auch die Wirkung des Ganzen verschieden.

Der Parfümeur kann sie unvermittelt nebeneinander stellen; so betont er den Gegensatz und das Widersprüchliche und macht die Spannung spürbar, wie in einem dissonanten Akkord in der Musik. Wenn er diesen Effekt in einem warmen, üppigen Parfum einsetzt, ist die Wirkung dramatisch, manchmal theatralisch. Das musikalische Gegenstück zu solchen Duftakkorden wären etwa die Orchesterklänge von Wagner und Richard Strauss. Ich empfinde z. B. *Shalimar, PrivateCollection* und *Dolce Vita* und *Opium* auf diese Weise. In kühleren Parfums wie z. B. *Chanel No 19* oder *Safari* wirken ähnliche Dissonanzen lebhaft und kess. Hier könnte man an die Musik von Françis Poulenc und Darius Milhaud denken.

Wenn eine kontrastierende Note subtil unter der glatten Oberfläche des Hauptakkordes angedeutet wird, kann sie ein Gefühl von heimlicher Leidenschaft und von Sinnlichkeit hinter einer kühleleganten Fassade vermitteln. Ich finde diese Wirkung in einigen Parfums, die eine fast frische Blumennote mit feinen animalischen Nuancen verbinden: *Knowing, Ysatis, Jil Sander Woman III, Eternity.*

Den gleichen Effekt kann man auch auf umgekehrte Weise einsetzen, wenn man einen üppig-warmen Blütenakkord mit trockenholzigen Kontrasttüpfelchen versieht. Parfums wie *Tempore Donna* und *Panthère* verleiht nicht zuletzt dieser Trick einen raffinierten Touch von Ironie.

Der Parfümeur kann auch kontrastierende Noten durch allerlei feine Abstufungen und Übergänge verbinden. Dann werden die Gegensätze nicht mehr als Dissonanzen wahrgenommen und es ergibt sich ein Gefühl von nuancenreicher Ausgewogenheit und Eleganz. Viele klassische Parfums wie zum Beispiel das *No 5* von Chanel und *Madame Rochas*, und moderne Klassiker wie *Trésor* und *Beautiful* sind Beispiele dieses Stils.

Wenn stark kontrastierende Duftnoten so eng und kunstvoll miteinander verknüpft werden, dass sich eine vollkommen einheitliche Wirkung ergibt, ist der Effekt des Parfums fast stromlinienartig, der Effekt einer modernen, selbstsicheren Schönheit. Es ist wohl kein Zufall, dass man diese Wirkung vor allem in zeitgenössischen amerikanischen Parfums findet wie *Alliage, Aromatics Elixir, Giorgio* und *Obsession*.

Geringe Kontraste in einem vorwiegend blumigen Parfum können eine verträumte, romantische Stimmung vermitteln, wie zum Beispiel in *Kenzo* und in *Anaïs Anaïs*. Parfums, in denen eine einzige Duftrichtung, sei sie blumig oder Lavendel oder Citrus, klar vorherrscht, wirken oft spontan, natürlich und im buchstäblichen Sinn unkompliziert.

> *Vor schwarzem Himmel*
> *Flattert wirr der Vorhang*
> *Im allzu lauen Frühsommerwind.*
>
> *Mit Lindenblütenatem,*
> *Wie Honig lockend und wie Hopfen hohl,*
> *Ruft die Nacht,*
>
> *Wirr flattert mein Herz*
> *Im allzu lauen Frühsommerduft.*

Die Tatsache, dass wir die Bedeutung und die Aussage von Düften und Gerüchen aus der Situation ableiten, in der wir ihnen begegnen, trifft nicht nur auf die Bestandteile von Parfums zu, sondern auch auf die Parfums selbst. Wenn Sie einen Duft wiederholt an einer bestimmten Person oder in einer bestimmten Situation gerochen haben, wird er Sie immer wieder an diese Person und an diese Situation erinnern.

Eine Teilnehmerin in einem meiner Duftseminare sagte, als sie Bergamottöl roch, sofort: »Das riecht wie meine Großmutter, wenn sie Kopfschmerzen hatte!« Eine andere berichtete, dass ein bestimmtes Herrenduftwasser in ihr immer ein Gefühl innerer Unruhe auslöst. Es ist die Marke, die sie einmal einem Mann geschenkt hatte, mit dem sie ein Verhältnis hatte, das unglücklich endete. Der Duft einer beliebten Lichtschutzlotion weckt Assoziationen mit sommerlichen Stränden. Es gibt einen bestimmten Typ von Erfrischungswasser, der mich immer an die Straßen von Barcelona erinnert.

Die Assoziation eines Parfums mit Luxus und mit Mode wird weitgehend durch die Menschen, die es verwenden und die Situationen, in denen man es antrifft, geprägt. Ein Duft, den Sie beim Betreten einer exklusiven Boutique wittern, trägt für Sie eine ganz andere Bedeutung als einer, den sie täglich frühmorgens im Bus auf dem Weg in die Innenstadt riechen.

Wenn Sie in einem Luxusrestaurant zufällig einen Hauch des Parfums der Dame am Nebentisch einfangen und Ihnen dabei plötzlich bewusst wird, dass Sie dieses Parfum gerade in den letzten Wochen schon wiederholt gerochen haben, wissen Sie, dass dies ein Duft sein muss, der heute besonders in Mode ist. Solche Assoziationen sind umso ausgeprägter, je häufiger Sie das Parfum in seiner speziellen Umgebung antreffen. Andererseits kann ein Parfum, das Ihnen auffällt, das Sie aber mit keiner Person oder Situation verbinden, gerade dadurch für Sie eine Bedeutung erlangen: Es ist offensichtlich ein ungewöhnlicher und individualistischer Duft.

Die geflüsterte Zauberformel

Die Menschen ebenso wie die Tiere fassen Gerüche als Zeichen auf. Die Weise, wie sie auf solche Zeichen reagieren, ist jedoch völlig unterschiedlich. Das lässt sich am besten am Beispiel der Pheromone darstellen. Vor etwa einem halben Jahrhundert entdeckte man, dass viele Tierarten mittels spezifischer chemischer Substanzen mit Artgenossen kommunizieren, manchmal über große Distanzen in Zeit und Raum. Die Substanzen, die sie dabei verwenden, nennt man Pheromone. Diese spielen in vielen Bereichen des Lebens der Tiere eine Rolle, darunter auch in der Paarung, und sie können eine fast unvorstellbar starke und zwingende Wirkung haben. So kann das weibliche Pheromon einer bestimmten Motte die Männchen dieser Art über Entfernungen von mehreren Kilometern herbeilocken – eine Leistung, an die unsere Parfums noch bei weitem nicht herankommen!

Es ist verständlich, dass die Entdeckung solcher potenter Sexuallockmittel bei Tieren zu der Überlegung führte, es könnte Vergleichbares vielleicht auch beim Menschen geben. Im Jahre 1979 erschien in einer populärwissenschaftlichen Zeitschrift ein Bericht, der sich auf eine Fehlinterpretation eines psychologischen Experiments stützte und in dem behauptet wurde, man hätte eine beim Menschen als Sexualpheromon wirksame Substanz tatsächlich entdeckt.[15] Die Neuigkeit wurde schnell von der Weltpresse aufgegriffen, und bald erschienen Parfums in den Regalen der Sex-Shops und in den Kleinanzeigen von Männerzeitschriften, die einen sofortigen und unwiderstehlichen Erfolg beim anderen Geschlecht garantierten. Ein großer amerikanischer Hersteller von populären Parfums brachte zwei Kreationen auf den Markt, welche den angeblich magischen Wirkstoff enthielten, eine für Männer und eine für Frauen. In der Werbung wurden diese Düfte als »die Ersten mit wissenschaftlich entwickelter Anziehungskraft« angepriesen; es wurden ein Mann und eine Frau gezeigt, die sich durch die Schwingungen des Duftes unwiderstehlich zueinander hingezogen fühlen.[16] Leider konnten die Parfums in ihrer Wirkung den Verheißungen nicht entsprechen und mussten bald vom Markt genommen werden.

Trotzdem gibt es bis auf den heutigen Tag immer wieder neue Parfums, die auf Grund der in ihnen enthaltenen Pheromone sensationelle Wirkungen versprechen, mit Werbeaussagen wie *»Wann immer Sie The Scent [TM] tragen, wird ein natürliches, chemisches Signal ausgesandt, das Frauen unwiderstehlich zu Ihnen hinziehen wird, ohne dass sie wissen, warum«*. Sie werden hauptsächlich über das Internet beworben und vertrieben. Den erhofften großen Durchbruch im Liebesleben der Menschheit haben sie bis jetzt aber allem Anschein nach noch nicht bewirkt.[17]

Das menschliche Verhalten ist vom Verhalten der Tiere grundsätzlich verschieden, weit differenzierter und komplexer, und es ist unwahrscheinlich, dass der Traum von einem menschlichen Pheromon jemals in Erfüllung gehen wird. Sicherlich kann ein Parfum viel zur sexuellen Attraktivität einer Frau oder eines Mannes beitragen, aber nicht durch eine ganz bestimmte Duftnote, die den Partner in einen gefügigen Sklaven verwandelt. Ihr Parfum steigert Ihre Anziehungskraft, weil es Ihrem Partner ein Signal ist, dass Sie sich für ihn schön machen wollen. Und auch, wenn es das Richtige für Sie ist, weil es Sie selbstsicherer macht und Ihnen dadurch noch mehr Ausstrahlung verleiht. Und weil es Ihre Schönheit wie Kerzenschimmer in ein romantisches Licht tauchen kann und Ihrer Aura wie leise Musik Poesie verleiht. Nicht ein Wunderbestandteil in Ihrem Parfum macht Sie verführerisch, sondern Ihre eigene Ausstrahlung!

Parfums sprechen uns nicht in der klaren und eindeutigen Sprache von Befehlen an, wie die Gerüche bei Tieren. Es gibt allerdings auch für uns Gerüche, die eine solche Wirkung haben: der Geruch eines Bratens, wenn man Hunger hat, der Geruch von heißem Gummi, wenn man an einem elektrischen Gerät bastelt, der Geruch von auslaufendem Heizgas – aber solche Gerüche sind niemals Teil eines Parfums; sie würden seinen Reiz und seine Magie vollkommen zerstören.

Parfums sprechen uns im Flüsterton an, und wir erkennen ihren Sinn mehr an ihrem Ton als an den Worten, die sie flüstern. Wenn wir sie am Flakon riechen, wird der Name auf dem Flakon und alles, was er für uns bedeutet, untrennbarer Teil ihrer Aussage. Wenn wir sie an einem Menschen riechen, empfinden wir sie als Attribut dieses Menschen und sie fesseln uns, ziehen uns an oder stoßen uns ab, je nachdem, wie wir zu ihm stehen.

Ein Parfum in seinem Flakon ist wie die Partitur einer Symphonie: Es ist potentielles Erlebnis, die Verheißung eines Erlebnisses. Die Symphonie lebt erst, wenn sie aufgeführt wird, das Parfum, wenn man es trägt. Zum Glück erfordert das Tragen eines Parfums nicht solch spezialisierte und schwer erlernbare Fähigkeiten wie das Aufführen einer Symphonie, aber es ist doch eine Kunst. An diesem Punkt des Buches angelangt, haben Sie auf dem Weg zum Meister dieser Kunst bereits ein gutes Stück zurückgelegt.

> *Der umfangende Duft ihrer warmen Haut,*
> *Der Nachhall ihres Parfums*
> *Am Pelzmantel draußen im Flur:*
> *Was ruft mein Blut mit stärkerem Zwang?*

Moden
und Trends
im Duft

Trends von gestern und heute

*J*n den Regalen der Parfümerien stehen Parfums, die vor zehn, vierzig oder siebzig Jahren geschaffen wurden, brüderlich neben den neuesten Kreationen. Das zeigt, dass das Diktat der Mode beim Duft weniger zwingend ist als bei der Kleidung. Es bedeutet allerdings nicht, dass es bei den Düften keine Mode gibt. Trends manifestieren sich, wie bei der Kleidung, in den Gemeinsamkeiten zwischen den Parfums, die in einem bestimmten Zeitraum entwickelt und getragen werden. So zeichneten sich viele der Parfüms, die im Europa der späten achtziger Jahren beliebt waren, durch eine üppige Wärme, große Haftung und Ausstrahlung aus. *Poison* wurde 1985 das erste große Erfolgsparfum dieses Typs, und Parfums wie *Fendi* (1985), *Panthère* (1986) *Scherrer 2* (1986), *Loulou, Passion, Joop!* (alle aus 1987) und *Boucheron* (1988) setzten ihn in unterschiedliche Richtungen abgewandelt fort.

Dieser Trend war nicht wie ein Komet plötzlich aus dem Weltall aufgetaucht. Man kann ihn als europäische Abwandlung eines Trends betrachten, der in den USA bereits 1981 mit dem dort sensationell erfolgreichen *Giorgio* eingesetzt hatte. In einem gewissen Sinn ist er auch eine Fortsetzung der Duftmode, die im Jahre 1977 mit *Opium* eingesetzt hatte; allerdings sind *Opium* und die anderen »orientalischen« Parfums der späten siebziger und frühen achtziger Jahre würziger als der mehr blumige und süß-balsamische spätere Trend.

Beim Entstehen des *Poison*-Trends war vielleicht auch ein Phänomen im Spiel, das die Mode dieser Zeit insgesamt erfasste: der Brauch, den Namenszug oder die Initialen des Designers klar sichtbar auf Accessoires jeder Art, von Schals bis hin zu Handtaschen, anzubringen. Trägt man das Stück eines gefeierten Designers, so ist man stolz darauf und will, dass jeder es auch weiß. »Erkennbarkeit« ist ein Schlüsselwort der Zeit, und die intensiven und haftenden Trendparfums waren gewiss erkennbar. Die markanten Werbeanzeigen, die diese Parfums begleiten, spiegeln den gleichen Geist unbekümmerter, extrovertierter Selbstdarstellung.

Wenn auch ein Trend das Duftbild einer Periode prägt, beherrscht er es doch niemals vollkommen. Immer werden neben den neuesten auch weiterhin Parfums aus früheren Tagen getragen, und häufig zeichnen sich neben dem Haupttrend auch andere ab, darunter vielleicht die Vorboten eines kommenden Haupttrends.

So gab es ab Mitte der 80er Jahre eine Reihe von Parfums, die sich klar von den herrschenden Modeparfums absetzten und dabei untereinander eine deutliche Familienverwandtschaft aufwiesen. Alle gehörten zur Chypre*-Familie: raffinierte Düfte, die aus den Kontrasten zwischen blumigen und herben, frischen und sinnlichen Noten leben. Dazu zählten u. a. *Ysatis* und *Paloma Picasso* (beide aus 1984), *Jil Sander Woman III, Montana* und *Salvador Dali* (alle aus 1986) sowie *Knowing* (1988). Keines dieser Parfums wurde zum großen Renner, aber zusammen machten sie einen beachtlichen Trend aus, der seine Vitalität bis heute behalten hat und durch Parfums wie *Moments* (1990) und *Yvresse* (unter dem Namen *Champagne* 1993 erschienen) fortgesetzt wurde. War der üppig-warme Designerdufttrend von den USA ausgegangen, so hatte der Chypretrend französische Wurzeln. Erst mit *Knowing* griff er auf die Neue Welt über.

Die Parfümerie der 90er Jahre wurde geprägt durch eine gesellschaftliche Entwicklung, die sich bereits im vorigen Jahrzehnt anbahnte: Ein ständig wachsendes Bewusstsein des Rechts eines jeden auf reine Luft, oder, besser gesagt, auf Luft, die nicht durch andere verunreinigt worden war. Dieses Bewusstsein wurde aus den Erkenntnissen über die Gesundheitsgefährdung durch passives Rauchen und durch die Luftverschmutzung durch Auto- und Industrieabgase gespeist, sowie durch die Publizität um das vor allem in den USA verbreitete *Sick Building Syndrome*. Hier handelt es sich um Beschwerden wie Schlafstörungen, Kopfschmerzen, Appetitlosigkeit u. a. m., die man zurückführte auf Luftverschmutzung in geschlossenen Räumen durch Formaldehyd aus Teppichböden, Lösungsmittelrückstände aus Farben und Klebemitteln, Stoffwechselprodukte von Keimen in Klimaanlagen usw.

Die intensiven Parfums der 80er Jahre passten schlecht zu dem neuen Bewusstsein, und »Transparenz« wurde das herrschende Leitwort bei der Entwicklung neuer Parfums.

Die Parfums des neuen Trends sind kühl, ohne jedoch auf Haftung zu verzichten. Viele sind »abstrakt« in dem Sinn, dass sie sich nicht an natürlichen Vorbildern orientieren und »harte« Effekte nicht vermeiden (siehe Seite 136) und verkörpern einen Geist von Selbstdisziplin, Fitness und Hygiene – den Geist der modernen Sportarten und des Fitnessstudios. Andere atmen eine sanftere, organische Frische und verkörpern eine umweltbewusste Lebensphilosophie, die sich auch in der Vermeidung artifizieller Effekte in Kleidung, Make-up und Frisur äußert. In der Landkarte findet man sie in den Planquadraten A1, B1, C1 und oben in den Quadraten A2 und B2.

Eine weitere Tendenz der neunziger Jahre macht sich in der Auflistung der Duftbestandteile auch dort bemerkbar, wo sie für den Laien im Duft schwer nachvollziehbar ist: Hier finden wir eine ganze Reihe von ungewöhnlichen oder exotischen Blumen und Früchten, die in den Parfums älteren Datums nie anzutreffen waren. Eine technische Entwicklung, die Analyse der Duftspuren in der Luft um eine frischgepflückte oder sogar noch lebende Blüte oder um eine frisch aufgeschnittene Frucht, machte dies möglich. Da die Erkenntnisse, die diese »headspace Analyse« gebracht hat, vor allem im Bereich der Frische und Natürlichkeit liegen, eignen sie sich besonders für die neuen »transparenten« Parfums, jedoch nicht nur für diese.

Auch zu den »transparenten« Parfums der 90er Jahre gibt es einen Gegentrend: die sogenannten »Gourmand«-Parfums, in denen Noten, die an süße Speisen erinnern, wie Vanille und Zimt, Karamel, Kokos und Trockenfrüchte, im Zentrum stehen.[1] Es sind warme Düfte mit großer Ausstrahlung, den Designerparfums der achtziger Jahre nicht unähnlich (auch bei diesen hatte die Vanillenote bereits ein große Rolle gespielt), nur weniger blumig noch ausgesprochener süßspeisenartig. Den Anfang machten die französischen Designerparfums *Angel* (1992) und *Jean Paul Gaultier* (1993) – die Franzosen waren in der Abgrenzung zwischen Duft und Geschmack immer lockerer als wir und sprechen beispielsweise von einem Eis *à parfum vanille*. Doch bereits 1993 griff der Trend mit *Vanilla Fields* auf die Vereinigten Staaten über, bald darauf auf die übrige westliche Welt. Wenn die transparenten Parfums dem Fitness- und dem Ökotrend entsprechen, so spiegeln die Gourmand-Parfums vielleicht die Welt der Diskos und der Technomusik wieder.

Der Trend von morgen

Seit etwa 1970 lösen sich die herrschenden Dufttrends in einem Rhythmus von etwa sechs bis acht Jahren ab. Setzt sich dieser Rhythmus auch in der Zukunft fort, müsste der Transparenztrend demnächst durch einen neuen abgelöst werden. Wohin geht die Reise? Wird sich der wachsende Einfluss japanischer Designer auch in der Luxusparfümerie durch einen Wandel in der Parfumästhetik bemerkbar machen? Werden sich der Transparenz- und der Gourmandtrend zu einem Trend der leichten Frucht- und Cremenoten vereinen?

Ich wage keine Prognose. Dufttrends hängen, mehr noch als das

Wetter, von der Wechselwirkung unterschiedlichster Faktoren ab und lassen sich schwer voraussagen. Sie entstehen aus dem Wechselspiel von Angebot und Nachfrage, aus dem Dialog zwischen Modeschöpfern, Parfümeuren und Marketingmanagern einerseits und dem Publikum andererseits – ein Dialog, der sich in Verbrauchertests und Werbekampagnen, vor allem aber in den Parfümerien abspielt. Auch die mächtigsten Konzerne können einen Trend nicht bestimmen. Die aufwendigsten Werbekampagnen laufen ins Leere, wenn der Funke nicht überspringt und der Duft nicht das undefinierbare Etwas hat, das zum anhaltenden Erfolg führt.

Modische und klassische Parfums

Manche Parfums überdauern den Modezyklus und bleiben, auch nachdem sich neue Trends durchgesetzt haben, weiterhin beliebt. Das sind die Klassiker. Im Laufe der Zeit werden solche Parfums oft das Modell für die allgemeine Vorstellung eines femininen, eleganten Duftes schlechthin, und Variationen auf ihr Thema finden Eingang in populäre Seifen, Badeserien, Shampoos und Deos. Die Duftnoten solcher Parfums werden so Teil der Duftkultur einer ganzen Epoche.

So können Parfums, die zur Zeit ihrer Einführung als Avantgarde gelten, die Klassiker einer späteren Periode werden. Das Musterbeispiel einer solchen Entwicklung ist Chanels *No 5*. Als es im Jahre 1921 eingeführt wurde, war seine ausgesprochene und »synthetisch« anmutende Aldehydnote etwas Unerhörtes, und die ersten Frauen, die es verwendeten, müssen tapfer gewesen sein. *No 5* war das duftende Gegenstück zum neuen Kunststil von Picasso, Braques und Fernand Leger – und die Ergänzung der schwarzweißen, geradlinigen Mode von Coco Chanel, die ja ebenfalls einen revolutionären Bruch verkörperte mit der vorangegangenen fließenden, üppigen und spätromantischen Modetradition. Der Geist, dessen frühe Verkörperung das *No 5* war, gilt als der Geist der fabelhaften zwanziger Jahre, des Jazz-Zeitalters.

In den Folgejahren kamen viele Parfums auf den Markt, die sich das *No 5* zum Vorbild genommen hatten, und der Stil dieses Parfums wurde der Trend des Jahrzehnts. Das bedeutendste Parfum im Stil des *No 5* war *Arpège*, eine wunderschöne, harmonische Kreation, die selbst zum Klassiker wurde.

Allmählich wurde der Trend immer populärer. Parfums der mittleren Preisklasse griffen die Duftnoten von *No 5* und *Arpège* auf, und etwa ab Mitte der fünfziger Jahre konnte man den Duft von *Arpège* sogar in einer der führenden amerikanischen Toiletteseifen, »Camay«, finden. Der Duft, der eine Generation früher Avantgarde gewesen war, war nun der Standard für alles, was kostbar und feminin duften sollte. Es ist ein Zeichen der hohen künstlerischen Qualität des Parfums und ein Triumph der weitblickenden Politik des Hauses Chanel, dass das *No 5* selbst trotzdem niemals »gewöhnlich« geworden ist.

Wenn auch *No 5* das Musterbeispiel eines Parfums ist, das die Evolution vom Avantgardeparfum zum Modeparfum zum Klassiker durchwandert hat, so ist es doch nicht das einzige. *Shalimar, Miss Dior* und *Youth Dew, L'Air du Temps, Fidji* und *Chloé* haben alle, jedes auf seine Weise, ebenfalls Geschichte gemacht.

Nicht jedes Parfum, das Jahrzehnte überlebt, wird ein Klassiker. Manche bleiben immer »speziell«. Sie sprechen die relativ kleine Gruppe von Frauen an, die diesen Duft in einem Frühstadium als »ihr« Parfum adoptiert haben und ihm treu geblieben sind, und individualistische jüngere Frauen, die ihn auf ihren Entdeckungsreisen in die Welt der Düfte gefunden haben. Viele der Parfums, die heute von gut sortierten Parfümerien geführt werden, gehören dieser »speziellen« Kategorie an. Indem sie auch solchen selten gefragten Parfums einen Platz auf den Regalen bewahren, leisten die Parfümerien der Welt der Düfte einen unschätzbaren Dienst.

Hin und wieder entdeckt eine junge Generation ein Parfum, das jahrzehntelang in der »speziellen« Ecke ein ruhiges Dasein geführt hat, ganz neu für sich. Bald erscheinen dann neue Parfums, welche die alte Duftnote in neuem Gewand aufgreifen, und manchmal setzt sogar ein solcherart reinkarniertes Parfum einen neuen Trend in Gang. Das geschah mit *L'Heure bleue*, das aus dem Jahre 1912 stammt und 1976 in der Gestalt von *Oscar* in Amerika erfolgreich wiedergeboren wurde. Es folgten einige anverwandte Parfums, vor allem *Vanderbilt*, welche die Note populär machten. Auf ähnliche Weise kam *Shalimar* aus dem Jahre 1921 sechzig Jahre später im *Must de Cartier* zu neuem Leben; ihm folgte eine Reihe von Parfums mit ähnlichen Duftnoten, und so entstand die »orientalische« Moderichtung der achtziger Jahre.

Klassiker aus den Jahren vor 1940

Fünf Parfums aus dieser Zeit sind heute noch in gut sortierten Parfümerien erhältlich:

4711 Echt Koelnisch Wasser	Muelhens	1792	D
Mitsouko	Guerlain	1919	F
No5	Chanel	1921	F
Shalimar	Guerlain	1925	F
Joy	Patou	1935	F

Sie sind ihren ursprünglichen Fassungen so ähnlich, wie es der Wandel in der Verfügbarkeit der Rohstoffe zugelassen hat. Beim *No 5* ist das *Eau de Parfum* allerdings eine moderne Überarbeitung des klassischen Themas.

Von den drei oben genannten französischen Häusern sowie aus dem Hause Caron gibt es noch weitere weitgehend »urfassungsgetreue« Parfums, die man in den jeweiligen Stammhäusern in Paris oder auch in besonders gut sortierten Parfümerien finden kann, darunter *Colognes* von Guerlain, die aus der Mitte des 19. Jahrhunderts stammen, und *Jicky* aus dem gleichen Haus von 1887.

Darüber hinaus sind eine Reihe von Parfums aus der Zeit vor 1940, u. a. von den Häusern *Lanvin, Houbigand, Worth, Shiaparelli* und *Molinard* nach längerer Zeit der Nichtverfügbarkeit wiederbelebt worden, oft allerdings in stark geänderten Fassungen.

Duft für den Mann

Die Emanzipation des Mannes

*D*er Geruchssinn spielt beim Mann wahrscheinlich eine weniger bedeutende Rolle im Erleben und Wahrnehmen als bei der Frau. Doch wenn manch ein Macho meint, Düfte seien Weibersache, so ist dies ein Urteil, das nur in bestimmten Zivilisationen zu bestimmten Zeiten gültig war und das in unserer Kultur seine Gültigkeit längst verloren hat.

In den Regalen der Parfümerien und Kaufhäuser sind heute die Männerdüfte fast so reich sortiert wie die Damenparfums; und der Anteil der Herren der Schöpfung, die regelmäßig einen Duft verwenden, nähert sich von Jahr zu Jahr mehr dem entsprechenden Anteil der Damen an.

Das ist keine ganz neue Entwicklung. Unsere Urgroßväter in der zweiten Hälfte des vorigen Jahrhunderts und bis zur Kulturrevolution nach dem Ersten Weltkrieg bedufteten sich weit stärker als ihre Gemahlinnen. Sie verwendeten zwar keine Eaux de Toilette, aber dafür reichlich Haarwässer, Pomaden, Brillantinen und Bartwichsen, die alle kräftig beduftet waren: mit Portugal, Fougère, Bay Rum und anderen beliebten Citrus-, Lavendel- oder Gewürzbouquets, im Typ gar nicht so unterschiedlich von unseren modernen Männerdüften. Madame dagegen musste bei der Verwendung ihrer Blütenbouquets große Zurückhaltung an den Tag legen. Eine Frau, die sich durch ihr Parfum bemerkbar machte, war keine Dame. Die besten Kundinnen der Pariser Parfümerien jener Zeit waren die reizenden doch zwielichtigen Geschöpfe der demi monde.

Generell ist zu beobachten, dass sich der Mann in den Kulturen, in denen er eine stark dominierende Rolle innehat, kräftiger parfümiert als die Frau. Ich will die Schlussfolgerung, was dies über unsere heutige Kultur aussagt, dem Leser überlassen. Jedenfalls ist der Mann, was den Duft anbelangt, deutlich im Begriff aufzuholen.

Pikanterweise spielt bei diesem Aufholen (fast hätte ich gesagt: bei dieser Emanzipation) des Mannes die Frau eine wesentliche Rolle. Die moderne, aufgeschlossene Frau hat immer wieder ihre Vorliebe für den angenehm duftenden Mann ganz offen bekundet und oft ist sie es, die ihrem Mann ein schönes Cologne schenkt und ihm hilft, seine Scheu vor dem Duft zu überwinden.

Der junge Mann von heute hat diese Ermunterung durch die Frau nicht mehr nötig. Er greift von sich aus ohne Zurückhaltung zum Duft. Bei vielen Jugendlichen und jungen Männern beobachte ich ein fast noch stärkeres Interesse an Duft als bei den Mädchen und jungen Frauen der gleichen Altersgruppe.

Männer- und Damendüfte: Der traditionelle Unterschied lässt sich einfach beschreiben. Bei den Herrendüften spielen die blumigen Noten im Vergleich zu den Damenparfums eine weit mehr untergeordnete Rolle. Das trifft auch heute noch zu, obgleich man in den letzten zwanzig Jahren auch bei den Herrendüften blumige Komponenten nicht mehr so streng vermeidet wie ehemals.

Überhaupt sind, abgesehen von der Zurückhaltung bei den blumigen Komponenten, die Unterschiede zwischen Damen- und Herrendüften weniger ausgeprägt, als uns die Werbung glauben macht. Viele erfolgreiche Herrenduftwässer sind abgewandelte Damenparfums: *Aramis* stammt von Cabochard ab, *Aramis 900* von Aromatics Elixir, *Obsession for Men*, wie auch sein Gegenstück for Women, von Shalimar. Andere wurden als Unisex-Düfte konzipiert, darunter *Eau Sauvage, Relax, paco, cK one* und *cK be* sowie *Bvlgari Black*. Seit etwa 1970 haben Parfumhäuser auch kurz nacheinander einen Damen- und einen Herrenduft in den Handel gebracht, die in Name, Konzept und Duft eng miteinander verwandt sind: *Musc* und *Musc for Men* (Jovan), *KL* und *KL Homme* (Lagerfeld), *Obsession* und *Obsession for Men* (Calvin Klein), *Joop!* und *Joop! Homme*. In einigen Fällen (*Old Spice* und *Eau*

Sauvage) hat ein Parfum, das ursprünglich als Damenduft konzipiert war, schließlich als Herrenduft seinen Weg gemacht; bei *Jicky* war es gerade umgekehrt.

Aufgeschlossene Frauen haben den Unterschied zwischen den beiden Gattungen niemals allzu ernst genommen und ohne Bedenken auch Herrendüfte verwendet. Der umgekehrte Fall ist allerdings selten, so wie ja auch viele Frauen Hosen, doch (außerhalb von Schottland) nur wenige Männer Röcke tragen.

Bei aller Verwandtschaft zwischen Damen- und Herrendüften gibt es jedoch noch einen wesentlichen Unterschied: Der typische Herrenduft ist einfacher. Zum Teil liegt dies an der Zurückhaltung bei den Blumennoten; denn die vielleicht stärksten Kontraste und Spannungen in einem Parfum spielen sich zwischen Blumennoten einerseits und trocken-holzigen, moosigen und herb-krautigen Noten andererseits ab. Zum Teil liegt es auch daran, dass das »künstliche« Element, das in der einen oder anderen Form Teil jedes modernen Damenparfums ist, bei den Herrendüften oft ganz fehlt.

Dies hat zur Folge, dass die Probleme der Harmonie zwischen Parfum und Hautchemie bei den Männerdüften weniger delikat sind als bei den femininen Parfums. Selten kippt ein Herrenparfum auf der Haut um, und es gehört eher zu den Ausnahmefällen, wenn es auf der Haut des einen Mannes ganz anders wirkt als bei einem anderen. Daraus sollte man nicht schließen, dass jeder Mann jeden Männerduft verwenden kann. Es gibt hier, genau wie bei den Damenparfums, gravierende Unterschiede im persönlichen Geschmack und Stil. Nur aus chemisch-biologischer Sicht ist die Harmonie zwischen Duft und Verwender beim Mann weniger diffizil als bei der Frau.

Die Landkarte der Männerdüfte

Die Himmelsrichtungen in der Landkarte der Männerdüfte (siehe Seite 193ff.) sind die gleichen wie in der Landkarte der Damendüfte. Oben im »Norden« liegen die frischen, belebenden Düfte, unten die warmen, sinnlichen. Die Düfte oben entfalten ihre größte Intensität kurz nach dem Auftragen. Was danach zurückbleibt, ist ein diskreter Hauch von Duft, der allerdings sehr fein sein kann und in manchen Fällen über viele Stunden nachwirkt. Die Kreationen im »Süden« der Karte strahlen ihren Duft über viele Stunden aus, für den Mitmenschen deutlich bemerkbar – wie intensiv, hängt natürlich davon ab, wie freizügig man sie aufgetragen hat. In dieser senkrechten Achse, von den leichten bis hin zu den sehr langhaftenden Düften, sind die Damen- und Herrenlandkarte durchaus vergleichbar.

Ich habe auch der waagrechten Achse Duftbezeichnungen zugeteilt, die denen der Damen-Landkarte entsprechen: die mehr blumigen Düfte links, die weniger blumigen rechts. Allerdings steht bei den Herrendüften das blumige Element ganz allgemein weit weniger im Vordergrund als bei den Damen. Hier ist also die Herren-Landkarte eine Fortsetzung der Landkarte der Damendüfte nach rechts. Dabei kommt es, grob gesprochen, zu einer Überlappung zwischen den D-Feldern der Damen und den A-Feldern der Herren.

Die Duftwässer ganz rechts in der Herren-Landkarte sind somit die, die am weitesten von den Damenparfums entfernt sind. Das hat nicht nur mit der Blumigkeit zu tun, sondern auch mit der Betonung von würzigen, holzigen und krautigen Noten und mit der Verwendung von Lavendel und Kräutern an Stelle von Zitrus- oder anderen fruchtigen Düften in der Kopfnote. Die Parfums in dieser Region sind erste Wahl für Männer, die sich in der traditionell männlichen Rolle (die gar nicht unbedingt »macho« sein muss) am wohlsten fühlen. Im Westen der Herren-Landkarte hingegen finden wir Parfums für die Männer, die keine Scheu haben, ein rosa Hemd, einen Schlips mit geblümtem Muster oder Ohrringe zu tragen. Ich kann nur hoffen, mit der Gegenüberstellung der Bezeichnungen »viril« und »phantasievoll«, nicht allzu vielen meiner männlichen Leser auf den Schlips getreten zu haben.

Im übrigen kann es durchaus sein, dass experimentierfreudige Leserinnen, nach dem Motto »wenn schon, denn schon«, sich gerade zu manchen der Herrendüfte ganz rechts besonders hingezogen fühlen. Es ist immer wieder faszinierend zu beobachten, wie unterschiedlich der gleiche Duft wirkt, je nachdem, ob ihn eine Frau oder ein Mann verwendet.

Wie bei den Damendüften (Seite 134) gibt es auch bei den Herren die Gegenüberstellung zwischen den »organischen« Parfums, bei denen die einzelnen Noten, aus denen der Duftakkord besteht, natürlichen Vorbildern zugeordnet werden können, und den »abstrakten«, in denen die einzelnen Noten nur noch hart oder weich, voll oder schneidend, hell oder dunkel sind und natürliche Vorbilder höchstens noch in abstrahierter Form (z. B. »irgendwie blumig« oder »grün« oder »nach Meeresstrand«) erkennbar sind.

> *Ein Duft, so bitter,*
> *dass man kaum zu atmen wagt,*
> *Metallisch streng wie der*
> *Geschmack des eignen Blutes,*
> *Stechend wie Rauch,*
> *der im Verfliegen,*
> *Ambra erstrahlen läßt*
> *wie eine schwarze Sonne.*

Auch den Gegensatz zwischen den Parfums, deren Duft sich »organisch entfaltet« und den »linearen«, die ihren Duftcharakter vom Moment des Auftragens oder Aufsprühens bis zum Verklingen fast unverändert beibehalten, finden wir bei den Herrendüften wieder. Allerdings gehören hier die linearen Kompositionen zu den Ausnahmen.

Landkarte der Männerdüfte

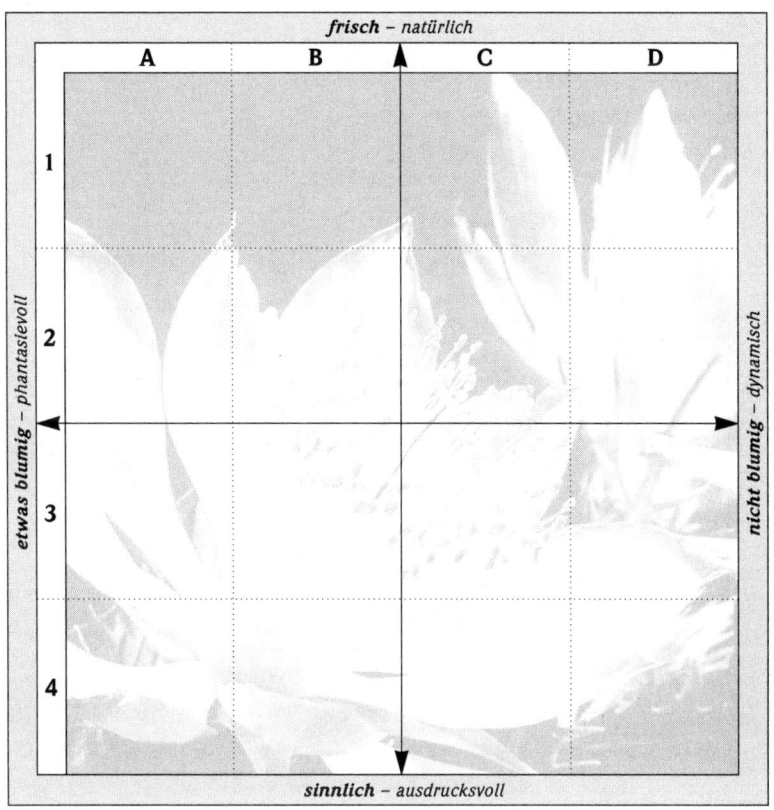

frisch – natürlich

    A   B   C   D

1

etwas blumig – phantasievoll

2

nicht blumig – dynamisch

3

4

sinnlich – ausdrucksvoll

Landkarte der Männerdüfte
die natürlich-frischen Parfums

	A	**B**
1	»4711« Eau de Rochas Eau Sauvage déclaration Nautilus Aqua Weekend Body Talk	Clear Day Action Safari Tsar Eau Champagne Colorado Rain Route 66 Nobile YSL
2	Aigner 2 Tabac cKone Culture Polo Sport Light Ferrari Pleasures Fahrenheit Free Space	Ultramarine Valentino Live Jazz Good Life Independence Tom Taylor Australia Irish Moos gai mattiolo Diesel

frisch – natürlich

etwas blumig – phantasievoll

Landkarte der Männerdüfte

die wenig natürlich-frischen Parfums

	frisch – natürlich	
	C	**D**

1

C:
Silver Light · Cool Water · Platinum
Eau d'Yssey
Aqua di Giò
Armani · Free World
Athletics · Kiton
Chrome

D:
Kenzo · Chemistry · Freedom
21st C.
Culture Blue · Iceberg
Hugo
Ever · XXL
Dynamic
Escape · Quasar

nicht blumig – dynamisch

2

C:
Universe · cK be
Bulgari
Chiemsee
Drakkar Noir
tommy · Pasha
Eternity · Heaven · G-man
paco rabanne
Twice
Statement
Elements · Coriolan

D:
Lanvin · Nightflight
Aqua Quorum
Mystic Road
Hechter Sport
Adventure · paco
Too
Harley D.
Sumatra Rain

195

Landkarte der Männerdüfte
die blumig-sinnlichen Parfums

	A	**B**

3

Sumatra Wood
Exotic Nature
Aramis 900
Gentlemen
Number One
Kouros
Escada
Insensé

Galileo
Dark Blue
Burberrys
Image
Sander
Jako
The Dreamer

4

Rochas
Lalique
Obsession
Allure
Lagerfeld
Jungle
Relax
π
Black
Destiny

Elements Aqua
Zino
Aramis Gold
Dune
Background
Minotaure
Sculpture
Le Male
A*Men

etwas blumig – phantasievoll

sinnlich – ausdrucksvoll

Landkarte der Männerdüfte

die wenig blumig-sinnlichen Parfums

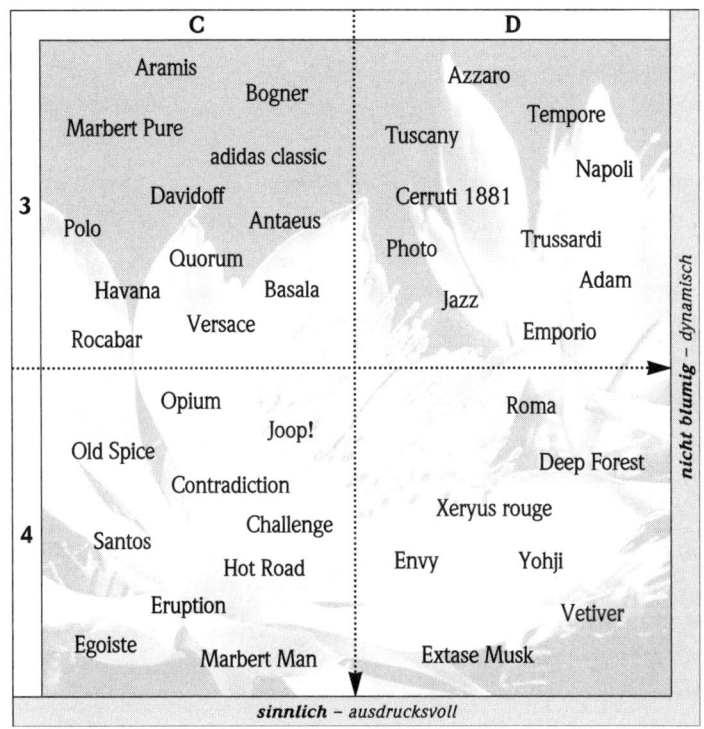

C	D
Aramis	Azzaro
Bogner	Tempore
Marbert Pure	Tuscany
adidas classic	Napoli
3 Davidoff	Cerruti 1881
Polo Antaeus	Photo Trussardi
Quorum	Adam
Havana Basala	Jazz
Versace	Emporio
Rocabar	
Opium	Roma
Joop!	Deep Forest
Old Spice	
Contradiction	Xeryus rouge
4 Challenge	Envy Yohji
Santos Hot Road	
Eruption	Vetiver
Egoiste	Extase Musk
Marbert Man	

nicht blumig – dynamisch

sinnlich – ausdrucksvoll

197

Register zur Landkarte der Männerdüfte

Die mit * markierten Parfums findet man auch in Drogeriemärkten und anderen Selbstbedienungsläden

Parfum	Bezeichnung in der Landkarte	Feld
»4711«*	»4711«	A1
A*Men	A*Men	B4
Acqua di Giò pour Homme	Acqua di Giò	C1
adidas Action*	Action	B1
adidas Adventure*	Adventure	D2
adidas Classic*	adidas Classic	C3
adidas Dynamic*	Dynamic	D1
Allure pour Homme	Allure	A4
Antaeus	Antaeus	C3
Aqua Quorum	Aqua Quorum	D2
Aramis 900	Aramis 900	A3
Aramis Classic	Aramis	C3
Aramis Gold	Aramis Gold	B4
Armani pour Homme	Armani	C1
Azzaro pour Homme	Azzaro	D3
Background	Background	B4
Basala for men	Basala	C3
Bogner Man	Bogner	C3
Boss Elements	Elements	C2
Boss Elements Aqua	Elements Aqua	B4
Boss Number One	Number One	A3
Burberrys for men	Burberrys	B3
Bvlgari Black	Black	A4
Bvlgari pour Homme	Bvlgari	C2
Cerruti 1881 pour Homme	Cerruti 1881	D3

Parfum	Bezeichnung in der Landkarte	Feld
Cerruti Image	Image	B3
Chemistry Skin Cologne for Men	Chemistry	D1
Chiemsee for Men	Chiemsee	C2
Chrome	Chrome	C1
cK be	cK be	C2
cK one	cK one	A2
Clear Day for Men	Clear Day	B1
Contradiction for Men	Contradiction	C4
Cool Water	Cool Water	C1
Coriolan	Coriolan	C2
Culture by Tabac*	Culture	A2
Culture by Tabac Blue*	Culture Blue	D1
Daniel Hechter Sport*	Hechter Sport	D2
Davidoff Classic	Davidoff	C3
déclaration de Cartier	déclaration	A1
Deep Forest	Deep Forest	D4
Diesel plus plus	Diesel	B2
Drakkar Noir	Drakkar Noir	C2
Dune pour Homme	Dune	B4
Eau de Campagne	Eau Campagne	B1
Eau de Rochas pour Homme	Eau de Rochas	A1
Eau Sauvage	Eau Sauvage	A1
Egoiste pour Homme	Egoiste	C4
Egoiste Platinum	Platinum	C1
Emporio il	Emporio	D3
Eruption Man*	Eruption	C4
Escada pour Homme	Escada	A3
Escada pour Homme Silver Light	Silver Light	C1
Escape for Men	Escape	D1
Eternity for Men	Eternity	C2

Parfum	Bezeichnung in der Landkarte	Feld
Etienne Aigner No. 2	Aigner No. 2	A2
Ever*	Ever	D1
Extase Body Talk*	Body Talk	A1
Extase Exotic Nature*	Exotic Nature	A3
Extase Musk Man*	Extase Musk	D4
Fahrenheit	Fahrenheit	A2
Ferrari	Ferrari	A2
Free World Man*	Free World	C1
G-Man	G-man	C2
gai mattiolo uomo	gai mattiolo	B2
Galileo de Viento*	Galileo	B3
Galileo de Viento 21st Century*	21st. C.	D1
Givenchy Gentleman	Gentleman	A3
Good Life	Good Life	B2
Gucci Envy for men	Envy	D4
Gucci Nobile	Nobile	B1
Harley Davidson *siehe auch* Legendary Harley Davidson		
Harley Davidson Destiny*	Destiny	A4
Havana	Havana	C3
Heaven	Heaven	C2
Hilfiger Athletics	Athletics	C1
Hilfiger Freedom	Freedom	D1
Hugo	Hugo	D1
Hugo Dark Blue	Dark Blue	B3
Iceberg Homme	Iceberg	D1
Iceberg Twice Homme	Twice	C2
Iceberg Universe Homme	Universe	C2
Insensé	Insensé	A3
Insensé Ultramarine	Insensé Ultramarine	B2
Irisch Moos*	Irisch Moos	B2

Parfum	Bezeichnung in der Landkarte	Feld
Jazz	Jazz	D3
Joop! Homme	Joop!	C4
Joop! Nightflight	Nightflight	D2
Kenzo Jungle pour Homme	Jungle	A4
Kenzo pour Homme	Kenzo	D1
Kiton Men	Kiton	C1
Kiton Napoli	Napoli	D3
Kouros	Kouros	A3
Lagerfeld for Men	Lagerfeld	A4
Lagerfeld Jako	Jako	B3
Lalique pour Homme	Lalique	A4
Lanvin l'Homme	Lanvin	D2
Le Male	Le Male	B4
L'Eau d'Yssey pour Homme	L'Eau d'Yssey	C1
Legendary Harley Davidson Original*	Harley D.	D2
Legendary Harley Davidson Free Space*	Free Space	A2
Legendary Harley Davidson Hot Road*	Hot Road	C4
Live Jazz	Live Jazz	B2
Marbert Man	Marbert Man	C4
Marbert Man Pure	Marbert Pure	C3
Marbert Man Too	Too	D2
Minotaure	Minotaure	B4
Mystery Australia Man*	Australia	B2
Nautilus Aqua	Nautilus Aqua	A1
Obsession for Men	Obsession	A4
Old Spice*	Old Spice	C4
Opium pour Homme	Opium	C4

Parfum	Bezeichnung in der Landkarte	Feld
paco	paco	D2
paco rabanne pour Homme	paco rabanne	C2
Pasha de Cartier	Pasha	C2
Photo	Photo	D3
Pi π	π	A4
Pleasures for Men	Pleasures	A2
Polo	Polo	C3
Polo Sport	Polo Sport	A2
Puma Challenge*	Challenge	C4
Puma Independence*	Independence	B2
Quasar	Quasar	D1
Quorum	Quorum	C3
Relax	Relax	A4
Rocabar	Rocabar	C3
Rochas Man	Rochas	A4
Roma Uomo	Roma	D4
Route 66*	Route 66	B1
Route 66 Colorado Rain*	Colorado Rain	B1
Route 66 Mystic Road*	Mystic Road	D2
Safari for Men	Safari	B1
Sander for Men	Sander	B3
Santos de Cartier for Men	Santos	C4
Sculpture Homme	Sculpture	B4
Statement	Statement	C2
Sumatra Rain*	Sumatra Rain	D2
Sumatra Rain Wood*	Sumatra Wood	A3
Tabac Original*	Tabac	A2
Tempore Uomo	Tempore	D3
The Dreamer	The Dreamer	B3
Tom Taylor	Tom Taylor	B2

Parfum	Bezeichnung in der Landkarte	Feld
tommy	tommy	C2
Trussardi L'Uomo	Trussardi	D3
Trussardi Light Him	Light	A2
Tsar	Tsar	B1
Tuscany per Uomo	Tuscany	D3
Versace L'Homme	Versace	C3
Very Valentino	Valentino	B2
Vetiver	Vetiver	D4
Weekend for Men	Weekend	A1
What about Adam	Adam	D3
Xeryus rouge	Xeryus rouge	D4
XXL	XXL	D1
Yohij Homme	Yohij	D4
YSL Pour Homme	YSL	B1
Zino Davidoff	Zino	B4

Wir wollen nun wieder gemeinsam die Landkarte in einer großen Spirale durchwandern, um die einzelnen Düfte kurz zu betrachten. Ihre Einordnung in die 16 Felder und ihre Beschreibung beruht, wo ich nicht andere zitiert habe, auf meinem persönlichen Urteil und Empfinden.

D1

Sämtliche Parfums in diesem Feld, und viele in den Feldern B1 und D2, gehören dem Trend, den ich »abstrakte Parfümerie« nenne, an.

Wie eine Bombe schlug *Kenzo pour Homme* 1991 in die Fachwelt der Parfümerie ein. Die Tangnote, die in der amerikanischen femininen Parfümerie bereits bekannt war *(New West, Escape)*, fand hier erstmalig in einem Herrenduft Verwendung. Die neuartige Aura dieser Kreation hat Luca Turin[1] schön beschrieben: Der Duft gab ihm das Gefühl, als stände er »im bleich-hellen Morgenlicht eines Atlantik-Strandes«. In *Iceberg Homme* (ebenfalls 1991) fehlt zwar die Tangnote, doch in seiner minzigen, dürr-grasigen Frische wirkt auch dieser Duft wie Meereswind inmitten einer Dünenlandschaft. *Escape for Men* (Calvin Klein 1993) greift die Algen- und Tangnote von *Escape for Women* in einem Duft auf, der durch krautige, moosige und pudrige Anklänge an klassische Herrenparfums weniger radikal ist als *Kenzo. Hugo* (Boss 1995), *Galileo de Viento 21st Century* (Muelhens 1997), *Freedom* (Hilfiger 1999), *Culture by Tabac Blue* (Mäurer & Wirtz) und *Ever* (Coty) folgen, mit jeweils unterschiedlichen Variationen den Spuren von *Kenzo.*

Quasar (Juan del Pozo 1994), *adidas Dynamic* (Coty 1997) und *Daniel Hechter XXL* machen den Duft durch eine Moschusnote haftender.

Eigene Wege geht *Chemistry Skin Cologne* (1994), Teil einer Herrenpflegeserie aus dem Hause Clinique, mit seiner kampferigen, fast medizinisch strengen Kopfnote, die dann einem milderen holzig-moosigen Duftbild weicht.

C1

Mitte der 80er Jahre lagen die Neuerungen, die der abstrakte Stil der Parfümerie bringen sollte, in der Luft. Ein junger Parfümeur schuf eine gewagte Komposition; Luca Turin[2] nannte den Stil »nackt«, direkt und ein wenig »rockerhaft«. Nachdem mehrere Parfumhäuser die Kreation abgelehnt hatten, hatte Davidoff den Mut, sie unter dem Namen *Cool Water* (1988) in den Handel zu bringen. Der unmittelbare und dauerhafte Erfolg bewies, dass man mit ihm den Geist der Zeit getroffen hatte, wobei sicherlich die Rolle der ebenso Aufsehen erregenden Werbung nicht zu unterschätzen ist. Man kann in *Cool Water* eine etwas metallisch scharfe Note, die an Ananas in Dosen erinnert, ausmachen, eine wacholderartige Note, auch blumige Elemente und solche, die an Orangeat erinnern – aber im Grunde ist es ein abstrakter Duft, der gefühlsmäßig dem Konzept »kühles Wasser« entspricht, auch wenn dieses offensichtlich geruchlos ist. Ähnlich im Duftkonzept, doch dezenter und mehr klassisch elegant, ist *Egoiste Platinum* (Chanel 1993). *Kiton Men* (Palladio 1997) hat die transparente Kühlheit eines eiskalten Dry Martini. *Escada pour Homme Silver Light* (1997) wird mit einem Anklang an silbernes Licht seinem Namen treu.

In *L'Eau d'Yssey pour Homme* (Yssey Miyake 1994), *Acqua di Giò* (Armani 1996), *Chrome* (Azzaro 1996), *Hilfiger Athletics* (1999) und *Free World Man* (Mäurer & Wirtz 1999) tritt wieder die Marinenote von Algen und Tang in Erscheinung, zusammen mit Zitrusnoten und holzigen Akzenten von Dünengras – das Zitruselement, wenn es auch abstrakt und synthetisch wirkt, macht diese Kreationen etwas »wärmer« und »menschlicher« als die anverwandten Parfums in Feld D1. Eine ähnliche Kombination von Zitrus- und trocken-holzigen Elementen hatte das Haus Armani auch bereits 1984 in *Armani pour Homme* gebracht, damals allerdings noch ohne die Marinenote.

B1

Die Duftwässer in diesem Feld sind gleichfalls klar und frisch, jedoch im organischen Stil: Hier werden Erinnerungen an die Natur
nicht durch fragmentarische Andeutungen und quasi-visuelle Assoziationen geweckt, sondern durch handfeste Duftnoten, die unmittelbar aus der Natur kommen.

YSL pour Homme (1971), in dem sich Lavendel, Beifuß und Me-
lisse in einen klaren, offenen Duft von klassischer Eleganz ver-
einen, stammt aus der Frühzeit der modernen Herrenduftwässer.
Ähnlich sympathisch sind *Gucci Nobile* (1988), das durch einen
Hauch von Maggikraut noch wärmer wirkt, und das klassisch fri-
sche *Route 66* (Coty 1995) sowie *adidas Action* (Coty 1998). *Tsar*
(Van Cleef & Arpels 1989) ist in seiner etwas seifig-hygienischen
Frische weniger überzeugend.

In *Safari for Men* (Ralph Lauren 1992) und in *Clear Day for Men*
(Etienne Aigner 1998) steht der würzige Koniferenduft des
Wacholderstrauches im Mittelpunkt. *Eau de Campagne* (Sisley)
duftet kühl-modrig und warm-krautig wie ein Herbstwald; auch
Route 66 Colorado Rain (Coty 1997) duftet herbstlich und zu-
gleich anregend nach schwarzem Tee.

A1

In diesem Feld gibt es gleich zwei klassische Düfte. Zum einen
4711 Echt Kölnisch Wasser (Muelhens 1792), das älteste heute
noch erhältliche Duftwasser, von Anfang an ein Unisex-Duft; zum
anderen *Eau Sauvage* (Dior 1966), ein Klassiker der französischen
maskulinen (eigentlich unisex) Parfümerie. Der Zitrusakkord der
herkömmlichen *Eaux de Cologne* ist in *Eau Sauvage* so durch aromatische Kräuter, blumige, holzige, würzige und melonenartige
Nuancen umgeben, dass ein einheitlicher, sehr charakteristischer
Akkord entsteht, der die Frische des *Eau de Cologne* mit erstaun-

licher Haftung auf der Haut verbindet. Zur gleichen Familie gehören auch *Eau de Rochas pour Homme* (1993) und *Nautilus Aqua* (1998), interessante Varianten, die jedoch die zwingende Harmonie und Präsenz von *Eau Sauvage* nicht erreichen.

Extase Body Talk (Muelhens 1996) und *Weekend for Men* (Burberrys 1997) sind helle Akkorde, entstanden durch die Verbindung des Zitrusakkords mit blumigen und fruchtigen Elementen.

déclaration (Cartier 1998) legt den »Schwerpunkt« tiefer durch stärkere Betonung der holzigen und moosigen Elemente und schafft so eine Kreation von zurückhaltender Eleganz.

A2

Vielleicht der interessanteste Duft im Gefolge von *Eau Sauvage* ist *Etienne Aigner No. 2* (1976), selbst bereits ein Klassiker, zumindest im deutschsprachigen Raum. Hier wird der Zitrusakkord von einem Basston begleitet, der einige Oktaven tiefer liegt: balsamische Noten mit der erotischen Wärme des Duftes frischgewaschenen Haares. Zwischen diesen beiden Komplexen wirkt eine hopfenartig bittere Note als »Scharnier« in einer Weise, die das Ganze zu einem einheitlichen Akkord verschmilzt, der sich auf der Haut über viele Stunden treu bleibt.

Völlig andere Wege geht *cK one* (Calvin Klein), der Unisex-Erfolgsduft des Jahres 1994, eine abstrakte Komposition, die durch die gelungene Verbindung von Zitrus-, blumigen, holzigen und würzig-heuartigen Elementen einen lebhaften Effekt sauberer Frische schafft.

Tabac Original (Mäurer & Wirtz 1959), ein sehr einheitlicher Akkord, für dessen Beschreibung man die gleichen Adjektive wählen müsste wie bei *cK one*, ist in seiner Wirkung dennoch völlig anders, weil es ein typisches Beispiel des organischen, naturverbundenen Kompositionsstils ist. Lange Jahre ein führender Herrenduft im deutschsprachigen Raum, ist es längst zu einem Evergreen geworden. *Culture by Tabac* (1996) ist eine verjüngte Fassung dieses Duftes aus dem gleichen Hause.

Eine gewisse nostalgische Aura liegt auch über *Polo Sport* (Ralph Lauren 1993) und *Trussardi Light Him* (1997). In *Polo Sport* wird ein Rose-Jasmin-Akkord von würzigen und holzigen Akzenten umrankt; der Duft klingt in einer sinnlich-warmen Moschusnote aus. *Trussardi Light* beruht auf einem frisch-blumigen Rose-Neroli-Akkord, der vor langer Zeit in Haarwässern beliebt war, und mündet gleichfalls in einem Moschusakkord, der hier durch an Sesam erinnernde Ambrettesamennuancen besonders fein wirkt. In *Ferrari* (1996) spielen ein kühl-blumiger und ein trocken-holziger Komplex die Hauptrollen.

Estée Lauder gibt ihrem *Pleasures for Men* (1997) diese Beschreibung mit auf den Weg: »Fruchtig zu Beginn, würzig im Herzen, mit holzig kühlem Fond. Frisch, sympathisch, mit großer warmer Ausstrahlung.« Hier fehlt, vielleicht aus verkaufstaktischen Gründen, nur die Erwähnung der blumigen Note, die das Herz des Duftes mitprägt.

Auch *Fahrenheit* (Dior 1988) liegt in diesem Feld, weil es in Hinblick auf die Dimensionen frisch-sinnlich und phantasiereich-typisch männlich hierher gehört. Es hat aber mit den übrigen Kreationen in diesem Feld oder irgendwo sonst in der Landkarte, mit Ausnahme seines kaum noch erhältlichen Vorgängers *Grey Flannel* (Geoffrey Beene 1976) und des später entstandenen, weniger charakteristischen *Harley Davidson Free Space* (SBI 1996), nichts gemein. Luca Turin[3] spricht von einer »nebligen und gedämpften Komplexität durch Noten von grünem Tee und verwelkten Blättern unter Bäumen«, die den »subtilen Charme der Komposition ausmacht, indem sie das Geheimnis ihrer Struktur hütet«. Dem wäre jedenfalls die unverwechselbare Ausstrahlung des Duftes und vielleicht eine von mir empfundene Verwandtschaft mit dem Gefühl von Sämischleder hinzuzufügen. Ein Duft, den man liebt oder hasst.

A3

Oben in diesem Feld zwei Kreationen, die auf unterschiedliche Weise holzige und würzige Noten mit dem honigwarmen Duft voll erblühter Rosen zu dunklen Akkorden vereinen: *Extase Exotic Nature* (Muelhens 1997), wie ein Garten nach tropischem Regen, und das härtere *Sumatra Rain Wood* (Muelhens 1998).

Zu den markantesten Herrenduftwässern überhaupt gehören jene, die aus der Kontrastwirkung und der gegenseitigen Steigerung des krautig-holzigen Patchouliöls, strahlender Blumenkomplexe und trocken-animalischer Akzente unverwechselbare Akkorde von großer Ausstrahlung und Haftung schaffen. Das Musterbeispiel eines solchen Duftes ist *Kouros* (Y. St. Laurent 1981), ein Duft, der niemanden kalt lässt, auch wenn nicht jeder ihn liebt und von dem Luca Turin[4] meint, er sei wie ein Gongschlag, der keine Tonhöhe hat, weil er alle Höhen und Tiefen in sich vereint. Verbindlicher, doch in ihrer Art gleichfalls unverwechselbar und unvergesslich, sind *Aramis 900* (1970), die männliche Abwandlung des *Aromatics Elixir* aus dem gleichen Hause, *Givenchy Gentleman* (1974), eine Feier des Patchouliduftes, der hier goldene Funken sprüht, und *Boss Number One* (1998), eine raffinierte moderne Variante des *Kouros*-Themas.

Die Beschreibung »blumig, holzig, ambraduftend«, die das Haus Givenchy seinem *Insensé* (1993) mit auf den Weg gibt, könnte für *Escada pour Homme* (1993) in »blumig, würzig, ambraduftend« abgewandelt werden. Hier treten sanftere Hölzer wie Sandel, Guajak und Vetivert an die Stelle des trotzigen Patchouli, und es entstehen stillere Harmonien von großer Haftung und Wärme.

A4

Der Ambréakkord, warm-schillernd und extrem haftend, süß und trocken zugleich, einschmeichelnd und doch mit animalischem Biss, spielt seit jeher in der femininen Parfümerie eine wichtige Rolle. Der Gedanke, ihn auch in Männerparfums einzusetzen, ist seit Guerlains *Habit Rouge* (1965) nicht mehr neu – doch er inspiriert Parfümeure immer wieder aufs Neue. *Lagerfeld pour Homme* (1979) und *Allure pour Homme* (Chanel 1998) machen dieses Grundkonzept durch würzige Akzente, *Lalique for Men* (1997) durch die krautige Note von Patchouli dynamischer. *Relax* (Davidoff 1990) schafft durch Betonung von Vanille und Zimt die wohlige Aura von süßem Gebäck, *Jungle pour Homme* (Kenzo 1998) versucht es mit einer Kaffeenote.

Die Variante in *Rochas Man* (1998) ist besonders gewagt, obwohl (oder gerade weil) sie an das älteste aller »modernen« französischen Parfums, Guerlains *Jicky* (1889), anknüpft: Hier verbindet sich eine Kopfnote von Lavendel, Bergamotte und grünen Blättern mit blumigen und holzigen Noten, und der Duftverlauf mündet im einem Ambréakkord, der in Richtung Kaffee variiert wurde. Der Gesamteffekt ist ausstrahlend, sehr haftend und einzigartig, wenn auch nicht unbedingt jedermanns Sache.

In einigen Kreationen der jüngsten Zeit herrscht eine cremige Karamelnote vor. In π (Givenchy 1998) ist sie besonders ausgeprägt. *Bvlgari Black* (1999) erzielt durch eine kampferige Kopfnote einen abstrakten Hart-Weich-Kontrast. In *Harley Davidson Destiny* (1999) ist die Kontrastnote aus Lavendel und holzigen Akzenten sanfter und natürlicher.

B4

Aramis Gold gewinnt durch die Verbindung eines Ambréakkords mit ledrigen und aromatischen Akzenten ein eindrucksvolles Profil. *Zino* (Davidoff 1986), warm, sauber, voll und durchsichtig, vereint ledrige und krautige Nuancen mit der Wärme von altem Holz. *Boss Element Aqua* (1996) schlägt einen weiten Bogen von der metallischen Kälte seiner Kopfnote über einen pudrig-holzigen Herzakkord bis hin zum warmen Ambréausklang seiner Basisnote.

Dune pour Homme (Dior 1997) verschmilzt den Ambrégrundakkord mit einer hart-süßen Note, die an Ahornsirup und Hickorynüsse denken lässt. Diese Note trat erstmalig in *Minotaure* (Paloma Picasso 1992) in den Vordergrund und hat seitdem eine Reihe von Männerdüften inspiriert. Dazu zählen *Background* (Jil Sander 1993) mit Akzenten von Basilikum und Patchouli, *Sculpture pour Homme* (Nikos 1995) mit blumigen und Nadelholzelementen, *Le Male* (J.-P. Gaultier 1995) gleichfalls nadelholzartig variiert, dabei ausstrahlend würzig süß durch eine kräftige Vanillekomponente. In *A*men* (Thierry Muegler 1996), ebenfalls sehr süß und haftend, ist das kienige Element durch eine Weihrauchnote vertreten.

C4

Wir kommen nun zu den warmen, würzigen Düften mit großer Haftung und Ausstrahlung. *Old Spice* (Shulton 1937), mit dem strahlenden Duft von Weihnachtsgebäck, war in der Zeit nach dem 2. Weltkrieg ein internationaler Bestseller und ist immer noch präsent. *Opium pour Homme* (Y. St. Laurent 1995) ist trockener und eleganter.

Auch *Marbert Man* (1977) ist zum Evergreen geworden: kräftig, dunkel strahlend wie ein Gongschlag, sehr einheitlich mit holzigen, würzigen und Tabakaspekten im Vordergrund. *Legendary Harley Davidson Hot Road* (SBI 1996) ist ähnlich, mit einer etwas metallischen Note, die gut zum Motorraderbe des Duftes passt. Auch in *Eruption Man* (Mäurer & Wirtz) und *Puma Challenge* (Muelhens 1999) stehen holzig-würzige Komplexe im Mittelpunkt. Etwas zurückhaltender als diese massiven Kreationen sind *Santos de Cartier* (1981) und *Egoiste* (Chanel 1990). In ihnen spielen, neben würzigen und Ambréelementen, fruchtige Akzente eine wichtige Rolle.

Im raffinierten und originellen *Joop! pour Homme* (1989) tritt nach einem frischen Zitronenakkord ein kraftvoller pfeffrig-holziger Komplex in den Vordergrund, begleitet von süß-ledrig-animalischen Akzenten und dem kühl-kienigen Duft von Weihrauch. *Contradiction for Men* (Calvin Klein 1998) ist, seinem Namen zum Trotz, ein sehr einheitlicher, kultivierter Duft, etwas minzig, etwas ambré, etwas blumig, doch vorwiegend moosig-krautig und warm-holzig.

D4

Rechts unten in der Landkarte treten die süßen Aspekte von Vanille und Karamel, Trockenfrüchten und Balsamen zurück zugunsten strengerer Duftelemente. Diese Tendenz tritt in *Vetiver* (Guerlain 1961) am klarsten in Erscheinung. Von diesem Duft meinte Luca Turin,[5] er sei »eher ein Temperament als ein Duft. Stoisch und diskret lehnt es alle Genüsse mit Ausnahme jener seiner stolzen Einsamkeit hochmütig ab.« (Als Bezeichnung eines Parfumbestandteiles wurde der Name »Vetiver«, in unterschiedlichen Schreibweisen, auch von anderen Parfumhäusern für ihre Kreationen verwendet.)

In *Roma Uomo* (Laura Biagiotti 1994) und *Xeryus rouge* (Givenchy 1995) wird der Holzkomplex vor allem durch das weichere, wärmere Sandelholz bestimmt. In *Roma* meint man zudem die Pinien der Ewigen Stadt zu riechen, und auch *Xeryus rouge* weist deutliche Koniferenakzente auf.

Gucci Envy for Men (1998) hat würzige und Ambréaspekte, wird jedoch nach meinem Gefühl von einer Note beherrscht, die prickelnd-trocken ist wie der Rauch einer feinen Zigarre. Die gleiche Note tritt auch im Duftbild von *Yohji Homme* (Patou 1998) in den Vordergrund, wenngleich die Duftbeschreibung des Herstellers von Weihrauch und Lorbeeren, Rumaroma und Kaffee-Extrakt, von Lakritz, Zimt und warmen Holznoten spricht. Die Empfindlichkeit für jene prickelnd-trockene Rauchnote ist individuell sehr unterschiedlich; meinem Grundsatz treu, beschreibe ich die Noten subjektiv, nach meinem persönlichen Empfinden.

Ähnlich subjektiv unterschiedlich ist auch die Wahrnehmung der Moschusnote, der *Extase Musk Man* (Muelhens 1985) seinen Namen verdankt. Die Note, hier trocken-animalisch ausgeprägt, wird von Früchtebrotakzenten wie Orangeat und Ingwer begleitet.

D3

Die Kreationen in diesem Feld leben aus dem Wechselspiel zwischen holzigen Herznoten und frischen Kopfnoten; dabei entstehen bei manchen von ihnen Kontrasteffekte, bei anderen sich ergänzende Verschmelzungen.

Azzaro pour Homme (1978) ist ein Vorläufer des abstrakten Kompositionsstils: Mit klaren, einfachen Strichen schafft es ein einprägsames Duftbild, das die sträucherbedeckten Hügellandschaften des Mittelmeeres suggeriert, ohne konkret nach bestimmten Pflanzen zu riechen. Auf ähnliche Weise skizziert *Tuscany per Uomo* (Aramis 1985) mit Noten, die an Piniennadeln, Zypressenblätter, an sonnenwarmes Holz und blühende Sträucher erinnern, auf schlanke Weise die Aura der Toskana. *Kiton Napoli* (1998) vermittelt, mit Koniferenduftassoziationen und kalten Meereswindnoten, ein Gefühl von Nadelwäldern an Stränden und zugleich die hygienisch-sinnliche Aura eines frischgeduschten Sportlers. *Tem-*

pore Uomo (Laura Biagiotti 1999) ist ein Dreiklang aus Kräuter-frische, holziger Kraft und der Wärme von Moschus- und Vanille-tönen, mit gerade genug trocken-animalischer Dissonanz, um dem Ganzen einen gewissen Biss zu verleihen.

In *Jazz* (Y. St. Laurent 1988) stehen ein natürlich-krautiger Komplex und ein sinnlich-warmer Sandel-Moschus-Akkord unvermittelt nebeneinander, wie in einem Bild, in dem der Mittelgrund fehlt. *Photo* (Lagerfeld 1990) hat eine holzige Herznote, die Kontrastnoten sind hier krautig und aromatisch. *Nino Cerruti 1881* (1990) ist ein harmonischer Akkord aus krautigen, moosigen und holzigen Noten, klassisch und kultiviert. *Trussardi L'Uomo* wirkt abstrakt, hell und trocken, mit einer klassischen Zitrusspitze – wie die gepflegte Crew einer Wüstensafari. Im *Emporio il* (Giorgio Armani 1998) ist die bitter-holzige und etwas an Spargel erinnernde Duftnote von Vetiver das Hauptthema, mit grün-erdigen Nuancen. *What about Adam* (Joop 1997) verknüpft eine ähnliche erdig-kühle Note mit einem heuartig-würzigen Komplex zu einem herbstlich-herben Duft, der an Äcker nach der Ernte erinnert.

D2

Die Kompositionen in diesem Feld, alle aus den 90er Jahren, bilden einen Übergang vom organischen Stil, der in den Parfums weiter unten und links vorwiegt, zum abstrakten Stil der Parfums in den Feldern D1 und C1. *Legendary Harley Davidson Original* (Muelhens 1994) ist würzig und aromatisch, mit kraftvollem holzigem Ausklang. In *adidas Adventure* (Coty 1992) mündet ein frisch-krautiger Akkord in einer leichten, sauberen Moschusnote. *Route 66 Mystic Road* (Coty 1998) ist im Herzen holzig-würzig und wirkt, mit einem zarten Moschusausklang, schlank und frisch. *Aqua Quorum* (Puig 1994) verbindet einen herben Kräuterakkord mit Akzenten von Ambra und Meeresfrische.

Rechts im Felde finden wir einige Kompositionen, in denen »grüne« Nuancen verschiedener Art ein holziges Hauptthema begleiten. In *Sumatra Rain* (Muelhens 1993) erinnert die Grünnote an chinesischen grünen Tee, das Holzthema ist exotisch-pfeffrig abgewandelt. In *paco* (Paco Rabanne 1996) und in *Daniel Hechter Sport* ist das Grün wie von jungen Blättern, die Holznote staubig-trocken. In *Marbert Man Too* (1998) verbindet sich die krautige Grünnote mit Akzenten von Holz und Heu zur Aura eines Wochenendes auf dem Lande. *Joop! Nightflight* (1992) vereint eine kühle Note, die an Kreuzkümmel erinnert, mit einem Akzent von Hickorynüssen zu einer originellen, kantig und abstrakt wirkenden Komposition. Auch *Lanvin L'Homme* (1997) liegt mit einer Kopfnote, die die Frische von ozonreicher Hochgebirgsluft suggeriert, in der Nähe der abstrakten Düfte; ein kraftvoller trocken holziger Akkord ergänzt das kompromisslos strenge Duftbild.

C2

Nachdem wir den Rundgang um den Rand der Landkarte vollendet haben, wenden wir uns nun den vier verbleibenden Feldern im Inneren zu. Die Parfums werden auf dem Weg nach links, um es in der Sprache der Weine auszudrücken, lieblicher und weniger trocken; blumige und fruchtige Nuancen treten in Erscheinung. In Feld C2 liegen zwei »Klassiker«, die durch ihren Erfolg den Stil ihrer Zeit mitgeprägt haben: *paco rabanne pour Homme* (1973) und *Drakkar Noir* (Guy Laroche 1982).

paco rabanne ist noch völlig vom natürlich-organischen Stil geprägt und somit jenen in Feld B1 näher verwandt als denen im näher gelegenen Feld C1. Nach einer frisch-krautigen Anfangsnote von Rosmarin und Salbei entfaltet sich ein sehr einheitlicher, unmittelbar erkennbarer Akkord aus Basilikum, Lavendel und Heu mit einem Hauch von Rosen, Geranium und Jasmin, leicht unterstützt durch holzige Noten. *Eternity for Men* (Calvin Klein 1988) nimmt die frische Kopfnote zurück und betont, mit Nuancen von Selleriesamen und Maggikraut, das warm-aromatische Element. *Boss Elements* (1993) bringt eine pfeffrige Note ein und macht den Duft so dynamischer. In *Heaven* (Chopard 1994), *tommy* (Aramis 1995) und *Chiemsee for Men* (Metropolitan Cosmetics 1999) wird eine kühle, an Zitrusfrüchte erinnernde Kopfnote eingeführt, in *Heaven* zudem die Heunote und in *tommy* eine fruchtig-holzige Note hervorgehoben. *Statement* (Etienne Aigner 1994) introduziert im Nachgeruch harzige und zimtige Elemente, *Iceberg Twice Homme* (1995) einen Hauch von Leder. *Coriolan* (Guerlain 1999) verstärkt mit Patchouli die dynamische Ausstrahlung des Akkords. In *Drakkar Noir* kündigt sich die Wende zum abstrakten Stil an. Der Duft ist weniger dicht und rund als der von *paco rabanne*, mehr aufgefächert, kantiger und in breiten Strichen ausgeführt. An Stelle der natürlich-krautigen Anfangsnote tritt eine klare, grüne und metallische Frische, die bereits auf *Cool Water* hinweist. Der blumig-aromatische Hauptakkord ist zurückgenommen und die Heunote wird durch ein würzig-pudriges Element ersetzt. In *Pasha de Cartier* (1992), *Bvlgari pour Homme* (1995) und *Iceberg Universe* (1997) finden wir diese pudrige Tendenz, die den Düften eine gepflegte, androgyn-erotische Aura verleiht, wieder. *Pasha* hebt sich ab durch einen Hauch von Apfelgebäck, *Bvlgari* durch eine Note, die an frisch gewaschenes Haar erinnert, *Universe* durch eine leichte Betonung des blumigen Aspekts. *cK be* (Calvin Klein 1996) bringt die Grundidee von *Drakkar Noir* zurück auf einen Zweiklang aus einem metallisch klaren und einen sinnlich-weichen Komplex und gehört eindeutig zu den abstrakten Düften.

G-man (Gainsborough 1971) ist mit seiner betont herben Heunote ein Einzelgänger unter den Herrendüften geblieben.

B2

In den Kreationen in diesem Feld tritt das blumige, duftige Element klar zu Tage. Es sind helle, freundliche Düfte, ohne provozierende Kontrastwirkungen. Dass sich inmitten der Parfums aus den 90er Jahren auch eines befindet, das aus der Zeit der Großväter überlebt hat, zeigt zum einen, dass auch die modernsten Kreationen auf eine ehrwürdige Tradition zurückblicken, zum anderen zeigt es die Grenzen der Duftbeschreibungen auf, die versuchen, Dufteindrücke in Worte zu fassen, welche Vorbildern aus der Natur entlehnt sind (z. B. »Bergamotte« oder »würzig«) oder auf traditionelle Parfumtypen (wie »Chypre« oder »Orientalisch«) zurückgreifen. Man kann sowohl *Irisch Moos* (Muelhens 1935) wie *Tom Taylor* (Viale 1999) als »blumig, aromatisch, holzig« beschreiben, und doch liegt eine Welt zwischen dem alten Duft, der voll, rund und massiv wirkt und dem neuen, der das gleiche Duftkonzept auf eine klare, durchsichtige und durch bloße Konturen angedeutete Weise umsetzt. Im Stil liegt *Mystery Australia Man* (Muelhens 1998) in etwa zwischen diesen beiden; die übrigen Kreationen in diesem Feld gehören mehr oder weniger radikal der neuen, abstrakten Tendenz an.

Diesel plus plus (Marbert 1997) riecht bei weitem nicht so technisch, wie Name und Flakon es vermuten lassen. Es ist ein Duft in blumen- und fruchtartigen Pastelltönen, dem das warme Braun einer angedeuteten Ambrénote Tiefe und Halt verleiht. In *gai mattiolo uomo*, grasig-grün und blumig-duftig, spielt die bitterdunkle Note von Vetiver eine ähnliche festigende Rolle. In *Puma Independence* (Muelhens 1997) verleiht eine grüne Kontrastnote dem duftigen Hauptakkord nicht so sehr Tiefe als einen gewissen Biss.

In *Good Life* (Davidoff 1998), *Live Jazz* (Y. St. Laurent 1998) und *Very Valentino* liegt die Kontrastnote, die dem duftig pastellfarbenen Hauptakkord Festigkeit verleiht, nicht »unterhalb« diesem (wie die Ambré- und Vetivernoten) oder »neben« ihm (wie die Grünnote), sondern »oberhalb«, im kühleren Bereich. In *Good Life* erinnert sie an Kreuzkümmel, ein »hellerer« Bruder des Kümmels, der uns vor allem aus der mexikanischen und indischen Küche bekannt ist, in *Live Jazz* an Salbei und Majoran und in *Very Valentino* an nicht ganz definierbare Zitrusfrüchte.

Dies sind Düfte, die in der Anonymität der Großstadt, in der abstrakten Welt des Computers und der technisch-hygienischen Aura des Fitness-Studios zu Hause sind.

In dieser Umgebung fällt *Insensé Ultramarine* (Givenchy 1994) mit seinem mehr klassisch eleganten Charakter etwas aus dem Ton. Eine Kopfnote, in der sich neben einer Marine- auch eine Bergamottnote bemerkbar macht, eine bitter-grün-holzige Herznote in Richtung Vetiver und eine Nussnuance im Ausklang ergeben einen Akkord von charaktervoller Frische und Dynamik.

B3

In diesem Feld sind mehr komplexe Akkorde zu Hause. In *Hugo Dark Blue* (Boss 1999) ist die blumig-fruchtige Herznote erweitert durch Anklänge von Pfirsich und Kokos, die Kontrastnote, bestehend aus Selleriesamenduft und kühlen, krautigen Akzenten, kann die Weichheit des Blumen- Fruchtakkordes nicht ganz neutralisieren. In *The Dreamer* (Versace 1996) liegt die Härte gleichfalls im hellen Teil der Komposition, der auch hier aromatisch-krautig ist. Die etwas blumige Herznote hat einen seifigen Aspekt, mit dem ich mich schwer anfreunden kann, der Ambrénote des Ausklangs fehlt es am Biss. Insgesamt ein passiver Duft, der seinem Namen gerecht wird.

Burberrys for Men (1995) ist ein aus härterem Holz geschnitzter Dreiklang: krautiger Biss, grüne Herbheit und die pikante Süße von Nussgebäck. Nach dem Lesen der Beschreibung, die von einem energisch-spritzig-raffinierten Duft spricht und viele exotische Bestandteile nennt, hat mich der Duft von *Cerruti Image* (1998), in dem Anklänge an Anis und Waldmeister im Vordergrund stehen, enttäuscht. Man darf doch wohl nicht allzu sehr auf sein Image setzen. Dagegen gelingt *Sander for Men* (1999) ein faszinierender und gewagter Dreiklang: ein würziger Komplex mit dem Biss von Ingwer und Pfeffer ruht auf einer breiten Palette holziger Noten, die bis hin zum cremig-nussartigen Sandelholz reicht. Dagegen wird ein grüner Akzent von Veilchenblättern gesetzt, der uns sonst nur aus *Fahrenheit* bekannt ist. Der Gesamteffekt ist raffiniert, androgyn und einzigartig.

Jako (Lagerfeld 1997) ist die jüngste Frucht von Lagerfelds langjähriger Exploration des Spektrums der würzigen Ambrédüfte. Im Vergleich zu *Lagerfeld for Men* (1978, in Feld A4) und *KL Homme* (1986) ist es schlanker, weniger würzig und nicht unbedingt überzeugender.

Galileo de Viento (Muelhens 1995) verdankt seine Lage rechts oben in diesem Feld der Tatsache, dass diese sich auf halbem Wege zwischen *Sumatra Rain Wood* in Feld A3 und *paco rabanne* in Feld C2 liegt. Es ist ein Duft in der Tradition von *paco rabanne*, doch mit einer deutlich ausgeprägten Rosennote.

C3

Am Abschluss unserer Reise liegt das Reich der würzigen und ledrigen Düfte. Ihre Entstehungszeit reicht von 1965 (Aramis) bis 1998 (Rocabar), doch die Spuren der Zeit sind in diesem Bereich weniger offensichtlich als bei den frischen Düften oben in der Landkarte. Die ledrigen Parfums für Damen, die in Europa seit den 20er Jahren beachtlichen Anklang fanden, konnten sich in den USA. nie durchsetzen und auch die Familie der Chypreparfums hatte dort immer einen schweren Stand. Die Idee, ein französisches ledriges Chypre für Damen in einen Herrenduft für den amerikanischen Markt zu transformieren, führte jedoch zu einem durchschlagenden Erfolg: *Aramis*. Auch wenn *Aramis* in Europa nicht die führende Position gewann, die es in Amerika hatte, kann man es doch, nach über 30 Jahren, unter dem Namen *Aramis Classic* immer noch in den Regalen gut sortierter europäischer Parfümerien finden: ein frisch-aromatischer Duft mir einer synthetischen, hart-bitteren Note, die eigentlich gar nicht nach Leder riecht, aber dennoch seit *Cuir de Russie* (Chanel 1924!) Parfumkennern die *Idee* von Leder vermittelt – die Grundgedanken der abstrakten Parfümerie sind gar nicht so neu.

Die Grundstruktur von *Aramis*, neben besagter »Leder«-Komponente, wird von den Parfümeuren als »Chypreakkord« bezeichnet. Dieser besteht in einer Zitruskopfnote, beherrscht durch Bergamottöl, einer Herznote von aromatisch-würzigen und holzigen Elementen und einem Ausklang, in dem der rauchig-bittere Duft von Eichenmoos vorherrscht. Die übrigen Düfte in Feld C3 sind mit jenem synthetischen Lederduft weit zurückhaltender umgegangen und erzielen ihre Aura kraftvoller, reifer Männlichkeit durch Variationen der anderen Grundelemente des Chypreakkordes.

Antaeus (Chanel 1981) gestaltet die Holznote besonders fein und trocken und führt im Fond eine zimtige Note mit einem erotischen Hauch von frischem Männerschweiß ein. In *Quorum* (Puig 1982) erinnert der krautige Akkord an das Aroma von Vermouth, der Fond ist durch eine Ambrénote warm. In *Davidoff Classic* (1984) sind die Akzente rauchig und würzig, auch hier ist im Fond die Ambrénote zu erkennen. In *Bogner Man* (1990) ist die frische Zitrusspitze besonders ausgeprägt. *Basala for men* (Shiseido 1993) bietet das Kontrastspiel zwischen einer erdig-bitteren Vetivernote und einem warmen Ambréakkord im Fond. In *adidas*

Classic (Coty 1997) verströmt eine Nuance von Maggikraut aromatische Wärme.

Eine frühe Variante des *Aramis*-Grundtyps, *Polo* (Ralph Lauren 1978) ersetzte den Zitrusakkord der Kopfnote durch grün-krautige Akzente von Wacholder und Kamille. Diese Richtung wurde in *Versace L'Homme* (1984) weiter entwickelt, mit Akzenten von gezuckertem Ingwer. In *Havana* (Aramis 1994) wird dieser Ingwereffekt durch Verknüpfung mit der Honigsüße von Tabakblättern ins Kulinarische gesteigert. *Rocabar* (Hermès 1998) greift zurück auf die frisch-grüne Note von *Polo* und verleiht dem Fond durch feine fruchtige Akzente eine besondere Aura. *Marbert Man Pure* schlägt schließlich mit einer an *Cool Water* erinnernden metallisch-grünen Kopfnote die Brücke zu den abstrakt-frischen Parfums unserer Zeit.

Fragen zum Tragen

Mit der Mode kommt der schnelle Wechsel. In den USA wurde vor einigen Jahren eine große Befragung unter Männern zwischen 18 und 49 Jahren durchgeführt.[6] Fast die Hälfte aller Befragten hatten innerhalb der letzten zwölf Monate einen neuen Duft versucht; bei mehr als einem Viertel war die letzte Flasche, die sie gekauft hatten, eine neue Marke. Wahrscheinlich hätte eine Befragung in Europa ähnliche Ergebnisse gezeigt.

Die goldene Regel, nach der man sich bei der Wahl eines neuen Parfums an dem eigenen Empfinden orientieren soll, ist für den Mann selbstverständlicher als für die Frau. Jedenfalls gibt es in Männerzeitschriften nur ganz selten Ratschläge zur Frage »Welcher Duft für welchen Typ?«, und das ist gut so.

Natürlich spielt das Empfinden der Partnerin auch eine wichtige Rolle. Vor allem die jüngeren Befragten in dieser amerikanischen

Studie gaben »den Frauen gefallen« als einen Hauptgrund für die Verwendung von Düften an. Wie haben sich die Zeiten seit Paul Jellineks »Psychologischen Grundlagen« geändert!

Drei von vier Männern hatten drei oder mehr verschiedene Marken zu Hause. Etwa zwanzig Prozent hatten darunter eine oder mehrere, die sie für »besonders attraktiv für Frauen« hielten; das waren ihre »Killer Colognes« (ein Don Juan wird in Amerika als Ladykiller bezeichnet!). Leider gab es, als diese Befragung durchgeführt wurde, die Landkarte der Männerdüfte noch nicht, aber ich vermute, dass die Mehrzahl dieser »Killer Colognes« in der unteren Hälfte der Landkarte lagen!

Männerdüfte und Männerträume

Die Werbung und die Namen der Düfte verknüpfen diese mit den Wunschträumen, die sie verkörpern und verwirklichen sollen. Offensichtlich sind die Träume der Männer weniger phantasievoll als die der Frauen. Hier gibt es kein *Poison*, und keinen *Angel,* allerdings wohl eine *Obsession.* Namen wie *Fidji, Shalimar* oder *Noa Noa,* die in ferne Traumwelten führen, sucht man bei den Männern vergebens; man findet nur, bei einigen Düften, eine Verknüpfung mit Regionen, die einen bestimmten Lebensstil symbolisieren: *Tuscany, Roma* und *Napoli, Havana* und *Route 66, Sumatra* und *Santos* oder die offenen Bestimmungen von *Nightflight, Safari, Jungle* und *Deep Forest.* Die Reisen in eine mehr abenteuerliche Welt können auch Zeitreisen sein: Vereinzelt findet man historische oder mythische Leitfiguren wie *Aramis, Antaeus, Kouros* und *Tsar.*

Man kann den Wunsch nach Freiheit und Abenteuer auch direkter ansprechen. Es gibt *Challenge, Adventure* und *Indepen-*

dence und neuerdings eine Reihe von Namen, die die Befreiung von den Zwängen des Alltags und der Arbeitswelt suggerieren: *Escape, Weekend, Freedom*, auch *Relax* und *Pleasures*.

Der Bereich der Fitness spiegelt sich in den vielen *Sport* Varianten und in *Athletics*, und in einigen Namen aus der männlichen Sportwelt wie *adidas* und *Bogner* und *Chiemsee*. Auch die heißen Maschinen *Harley Davidson, Ferrari* und *Jaguar* finden sich in Duftwässern wieder und, häufiger, *Water, Nautica* und *Aquatics*-Anspielungen.

In den letzten Jahren bringt die Werbung durch die Darstellung des nackten Männerkörpers, oft zusammen mit Frauenkörpern, bei einigen Düften ein weiteres Element ins Spiel: Sinnlichkeit, Erotik und die narzisstische Freude am eigenen Körper.

Vorwiegend wird aber die Welt der Männerdüfte bestimmt durch Designernamen, Namen, die guten Stil und sicheren Geschmack vermitteln. Das vor allem sucht der Mann von heute in seinem Duft. Dass er es in vielen Männerdüften findet, zeigt die lebhafte Entwicklung dieser Duftwelt.

Kleines Wörterbuch des Parfümeurs

Wie alle Berufsgruppen haben auch die Parfümeure ihre Fachsprache. Wörter aus dieser Sprache tauchen oft in Duftbeschreibungen und Duftklassifizierungen auf, auch in diesem Buch. Das lässt sich kaum vermeiden, da es für viele Duftnuancen in der Umgangssprache gar keine Bezeichnungen gibt. Die wichtigsten Wörter der Parfümeursprache werden an dieser Stelle erläutert. Außerdem findet man Erläuterungen der weniger bekannten Riechstoffe, die häufig in Duftbeschreibungen erwähnt werden.

Ätherisches Öl – Ein Duftstoff, der durch Destillation mit Hilfe von Wasserdampf aus Pflanzen oder Pflanzenteilen (Blüten, Blütenknospen, Blättern, Wurzeln, Stammholz, Samen usw.) gewonnen wurde.

Absolu – Ein Duftstoff, der aus Pflanzen, Pflanzenteilen, Gewebe oder Ausscheidungen von Tieren durch Lösungsmittelextraktion gewonnen wurde.

aldehydisch – Bezeichnung für den gemeinsamen Duftcharakter einer Gruppe von Riechstoffen, die der Chemiker als »C8–C12 aliphatische Aldehyde«, der Parfümeur schlicht als »Aldehyde« bezeichnet. Man kann diesen Duft in etwa als wachsartig-fettig und etwas ozonartig beschreiben. Manche dieser Stoffe kommen auch in natürlichen Riechstoffen weitverbreitet vor (unter anderem in Citrusölen wie Orangenöl, in Koniferennadelölen und in Blütenölen wie z. B. Rosenöl). Sie werden aber in der Parfümerie häufig in Konzentrationen eingesetzt, welche die in der Natur vorkommenden um ein Vielfaches übersteigen. Dann entsteht ein unnatürlicher Effekt, den wir in Folge der weitverbreiteten Verwendung dieser Note der Feinparfümerie als »parfümartig« empfinden. Kunstvoll eingesetzt, erzeugen die Aldehyde oft einen fast wolkenartig weichen Dufteffekt. Er verschleiert die Konturen der anderen Duftbestandteile und verleiht dem Parfum etwas Geheimnisvolles. Zusammen mit holzigen und vanilleartig-süßen Noten entsteht ein »pudriger« Effekt. Das erste Parfum, in dem Aldehyde auf moderne Weise eingesetzt wurden, war das *No 5* von Chanel (1921).

Ambra – Ein Duftstoff, der aus den grau-braunen Klumpen bereitet wird, die im Magen des Pottwals und in früheren Zeiten, als der Wal noch weitverbreitet war, in den Netzen der Fischer und in den Stränden der Ozeane gefunden wurden. Der Duft der Ambra weist extrem lange Haftung auf und verbindet eine fast staubige Trockenheit auf eigenartige Weise mit einer warmen, rosinenartigen Süße. Er lässt sich nur durch eine Aneinanderreihung von Adjektiven, etwa zigarrenartig-trocken-animalisch-süß-warm einigermaßen umschreiben. Die natürliche Ambra ist kaum noch erhältlich. Die Ambranote in Parfums wird heute durch den Einsatz bestimmter pflanzlicher Extrakte (vor allem von Absolu aus den Blättern des Cistusstrauches) und synthetischer Riechstoffe erzielt. Sie ist wesentlicher Bestandteil des Ambré*-Akkords, macht oft einen wichtigen Teil des animalischen* Komplexes und verbindet sich wunderschön mit Bergamotte*, Lavendel und holzigen Noten.

Ambré – Ein süß-würziger Duftakkord, warm und sehr haftend, der in vielen Damen- und Herrenduftwässern eine wichtige Rolle spielt. Der Ausdruck kommt von Ambra* (franz. ambre gris). Neben der Ambranote enthält der Ambréakkord vanilleartig-süße, zimtig-würzige und rosinenartig-fruchtige Aspekte, die von Vanille-Extrakt und von pflanzlichen Balsamen und Resinoiden wie Benzoe, Tolu und Labdanum herrühren. Parfums, in denen sich der Ambréakkord deutlich bemerkbar macht, werden häufig als »orientalisch« eingestuft.

animalisch – buchstäblich: vom Tier stammend oder an Tiere erinnernd. In der Parfümerie verwendet man die Bezeichnung für die Duftnoten der vier Riechstoffe aus dem Tierreich, die in Parfums verwendet werden beziehungsweise wurden: Moschus, Ambra, Zibet und Castoreum. Was diese vier Duftstoffe gemeinsam haben, ist, neben außerordentlicher Haftung und Ausstrahlung, eine gewisse »Wärme« des Duftcharakters. Diese rührt sicher daher, dass wir diese Duftnoten unterschwellig mit Tieren assoziieren; man nimmt den Duft am lebhaftesten dicht an einem Tier wahr, und dann fühlt man auch seine Wärme. Die animalischen Duftnoten erinnern aber zugleich und vor allem an die Wärme des menschlichen Körpers und vermitteln sowohl die Empfindungen der Geborgenheit wie die des sexuellen Reizes. Voraussetzung für das Auslösen solcher Empfindungen durch Parfums ist allerdings, dass die animalischen Riechstoffe gekonnt und sparsam eingesetzt werden; denn sobald sie so stark sind, dass man sie bewusst wahrnimmt, wirken sie genauso unangenehm wie zu intensiver Körpergeruch. In der Wahrnehmung animalischer Duftnoten gibt es, mehr als bei anderen Noten, große individuelle Unterschiede. Eine animalische Nuance, die der eine gar nicht wahrnimmt, kann für den anderen schon aufdringlich und störend wirken. Deshalb muss der Parfümeur beim Einsatz dieser Noten in seinen Duftschöpfungen, und müssen Sie beim Tragen von Parfums mit ausgeprägter animalischer Note, vorsichtig sein. Der Parfümerie wird gelegentlich vorgeworfen, sie veranlasse bei der Gewinnung von Duftstoffen das Töten oder Quälen von Tieren. Dazu ist Folgendes zu bemerken. Die Moschusnote in Parfums stammt heute nicht mehr wie ehedem aus der Duftdrüse des männlichen Moschushirsches, sondern ausschließlich von synthetischen Riechstoffen, denn der Moschushirsch, eine gefährdete Tierart, darf nicht mehr gejagt werden und lässt sich nicht züchten. Die Ambranote wird teils durch pflanzliche, teils durch synthetische Riechstoffe erzeugt, denn das natürliche Ambra, eine Ausscheidung des Pottwals, gibt es kaum noch, da der Pottwal fast ausgestorben ist. Zibet gibt es noch in natürlicher Form, denn es wird an der lebenden Zibetkatze gewonnen, die man in Äthiopien züchtet. Allerdings wird auch die Zibetnote in Parfums zunehmend durch den Einsatz synthetischer Riechstoffe erzielt. Castoreum aus der Duftdrüse des kanadischen Bibers ist ein Nebenprodukt der Pelzerzeugung; es wird immer seltener eingesetzt.

Aromatherapie – Die Heilung oder Linderung körperlicher oder seelischer Beschwerden durch ätherische Öle oder andere Präparate aus duftenden Pflanzen. Die Aromatherapie hat nichts direkt mit der Parfümerie zu tun, da sie andere Zwecke auf anderen Wegen verfolgt. Das in den vergangenen Jahrzehnten neuerwachte Interesse für die Aromatherapie hat sich jedoch insofern auf die Welt der Parfums ausgewirkt, dass sie zu einem verstärkten Bewusstsein der positiven Wirkungen der Parfums auf Stimmung und Befindlichkeit des Trägers bzw. der Trägerin selbst geführt hat.

aromatisch – In Duftbeschreibungen zeichnet dies die süße Note von Küchenkräutern wie Estragon und Dill, Kümmel und Liebstock, wildem Thymian und Fenchel. Viele dieser Kräuter sind im Mittelmeergebiet heimisch, und an warmen Sommertagen und -abenden ist dort die Luft mit ihrem Duft geschwängert. Deshalb können aromatische Noten einem Parfum ein Gefühl von freier Natur, Sonne und Wärme verleihen. Sie kommen in vielen modernen Männerdüften zum Einsatz.

Ausstrahlung – Die Eigenschaft eines Duftes, die seine Wahrnehmung in weiter Entfernung des Trägers ermöglicht. Tragen Sie ein Parfum mit großer Ausstrahlung, so machen Sie die Menschen in einem mehr oder weniger großen Umkreis auf sich aufmerksam. Die Ausstrahlung hängt mit der Intensität zusammen, doch es gibt Parfums, die eine große Ausstrahlung haben, ohne in der Nähe sehr intensiv zu wirken.

balsamisch – Balsame sind harzartige Substanzen, die aus Bäumen gewonnen werden. Einige Balsame werden seit Jahrtausenden als Duftstoffe verwendet. Heute werden aus ihnen Parfumbestandteile durch Extraktion oder Destillation mit Wasserdampf gewonnen. Ihre Duftwirkung ist zumeist süß und haftend, mit rosinenartigen, zimtigen, vanilleartigen, kienigen oder weihrauchartigen Nuancen. Der Ausdruck »balsamisch« bezeichnet eine Kombination solcher Nuancen.

Basisnote – Die Duftnote, die auf der Haut, im Haar oder in der Kleidung zurückbleibt, wenn die Herznote* weitgehend verflogen ist. Sie wird vornehmlich durch die am wenigsten flüchtigen Bestandteile des Duftes bestimmt.

Bergamotte – Eine der Zitrone und Orange verwandte Zitrusfrucht, die vor allem in Süditalien (Kalabrien) und auf Sizilien angebaut wird; sie dient ausschließlich zur Gewinnung des ätherischen Öles, das aus der Schale gepresst wird. Der Duftcharakter des Öles ist dem der anderen Zitrusfrüchte verwandt, doch weniger spritzig und »parfümistischer«, mit fast blumigen Nuancen. Der »Earl Grey«-Tee verdankt sein charakteristisches Aroma diesem Öl. Obwohl die Öle sämtlicher Zitrusfrüchte in der Parfümerie Verwendung finden, wurde Bergamottöl immer schon von den Parfümeuren bevorzugt. Es ist ein Hauptbestandteil der klassischen Erfrischungswässer wie zum Beispiel des *Eau de Cologne 4711* und auch der modernen Varianten wie *Eau Sauvage*. Darüber hinaus spielt es eine wichtige Rolle in der Kopfnote* vieler anderer Damen- und Herrendüfte, besonders bei denen der Chypre*-Familie.

Chypre – Der Namen eines längst nicht mehr erhältlichen Parfums, welches von dem Meisterparfümeur François Coty 1917 eingeführt wurde. Der Grundakkord dieses Parfums bestand aus einer Kopfnote von Bergamotte, einer blumigen Herznote, in der Rose und Jasmin vorherrschten, und einer Basisnote, die ihren herben Charakter vor allem dem Patchouliöl* und dem Eichenmoosextrakt verdankte. Seit den zwanziger Jahren haben Parfümeure diesen Grundakkord immer wieder in den verschiedensten Richtungen variiert, und es entstand die große, im Duftcharakter sehr vielfältige Klasse der sogenannten Chypres. Es sind komplexe und kontrastreiche Parfums, in denen sich frische und dunkle Töne, Herbheit und Sinnlichkeit kunstvoll vereinen und die vor allem die dufterfahrene Frau ansprechen.

Cœur – Französischer Ausdruck für Herznote*.

Fond – Französische Bezeichnung für Basisnote*.

Fougère – Ein Parfumtyp, der in seinem Grundakkord Lavendel und Patchouli* mit der heuartig-aromatischen Note von Cumarin und dem moosigen Duft von Eichenmoosextrakt vereint. Der Akkord sowie sein Name, französisch für Farn, stammen von dem seinerzeit sehr beliebten *Fougère Royal* (Houbigant 1882). Der Fougère-Typ spielt auch heute noch in vielerlei Variationen bei den Männerdüften eine wichtige Rolle.

Französischer Blumenkomplex – Das Herz des klassischen französischen Blumenakkords besteht aus Rose und Jasmin. Obwohl die beiden gut miteinander harmonieren, ist immer ein Kontrast da zwischen der Kühle der Rose und der Wärme des Jasmins. Die Kühle wird oft durch Maiglöckchen, Veilchen oder Veilchenblätter betont, die Wärme durch Ylang Ylang* und Nelken. Spätestens seit *Chanel No 5* (1921) und *Arpège* (1927) bildet dieser Akkord das Herz unzähliger Parfums in der ganzen Welt.

grün – Bezeichnung für Duftnoten, die an Blätter, die man zwischen den Fingern zerreibt, erinnern, oder an rohe grüne Gemüse oder unreife Früchte. Galbanum, ein pflanzlicher Riechstoff, der vielfach zum Erzielen grüner Noten eingesetzt wird, duftet wie rohe Erbsen. Grüne Noten werden oft zum Modifizieren blumiger Bouquets eingesetzt und bewirken dann zumeist einen frischen oder herben Effekt.

Kopfnote – Die Duftnote, die gleich nach dem Auftragen eines Parfums auf der Haut, nachdem der Alkohol verdunstet ist, vorherrscht. Sie wird hauptsächlich durch die flüchtigsten Bestandteile der Komposition geprägt.

Moschusnote – In natürlichem Moschusextrakt und seinen synthetischen Nachbildungen sind zwei Duftelemente vereint: ein animalischer Akkord mit ledrigen, haar- und urinartigen Aspekten, und eine strahlend süße Note, die an sich keinen animalischen Charakter hat. Die meisten der synthetischen Riechstoffe, die der Parfümeur als Moschusriechstoffe bezeichnet, besitzen nur die süße Note. Sie verleihen einer Duftkomposition feine Wärme und Strahlung. Der Ausdruck »Moschusnote« kann beim Parfümeur sowohl diesen zarten Glanz wie auch eine strenge animalische Herbheit bezeichnen. Auch in den Parfums, die unter der Bezeichnung »Moschus« im Handel sind, ist dieses Spektrum vertreten. Ich habe in diesem Buch versucht, durch Hinweise, ob es sich in einem gegebenen Fall um die süße oder die strenge Moschusnote handelt, Klarheit zu schaffen.

Nachgeruch – s. Basisnote*

Neroli – Duftöl aus der Orangenblüte mit etwas herbem Charakter. Ein wichtiger Bestandteil der klassischen Kölnischwässer.

orientalisch – Eine Bezeichnung für Parfums, in denen der würzig-süße Ambréakkord* eine wichtige Rolle spielt.

Patchouli – Das ätherische Öl aus den Blättern und Stengeln einer Pflanze, die in Südostasien und auf Madagaskar heimisch ist. Ihr lebhafter, kräftiger Duft hat kampfrige, modrig-erdige, krautige und holzige Aspekte. In Kompositionen kann das Öl sehr unterschiedliche Duftwirkungen haben, je nachdem mit welchen anderen Riechstoffen man es zusammenbringt. Es ist einer der meistverwendeten Riechstoffe überhaupt, vor allem in Männerdüften, und ein wesentlicher Bestandteil der klassischen Chypre*- und Fougère-komplexe*.

Pheromone – Eine Substanz oder eine Mischung aus einigen Substanzen, die von einem Individuum ausgeschieden wird und die bei Artgenossen eine bestimmte Verhaltensreaktion bzw. eine hormonelle Reaktion auslöst. Pheromone spielen im Verhalten von Insekten und einer Reihe von Säugetieren nachweislich eine wichtige Rolle, auch im Bereich der Fortpflanzung. Neuerdings konnte auch beim Menschen nachgewiesen werden, dass geruchlose Bestandteile im Schweiß von Frauen im Phänomen der Synchronisierung der Perioden wirksam sind. Es werden heute, vor allem im Internet, Parfums sowohl für Frauen wie auch für Männer angeboten, die auf Grund darin enthaltener menschlicher Pheromone eine außerordentliche Steigerung der Attraktivität auf das andere Geschlecht versprechen. Bisher gibt es für solche Verheißungen jedoch keine wissenschaftliche Grundlage.

pudrig – Bezeichnet die Verbindung von Süße und Trockenheit, die für den Duft feiner Gesichts- und Körperpuder typisch ist. Der Prototyp europäischer Puderparfums war das *Poudre à la Maréchalle,* das im 19. Jahrhundert in ganz Europa beliebt war. Vanille, Holznoten und Iriswurzel mit ihrer feinen Wärme bilden den Kern des pudrigen Komplexes; oft sind auch Aldehyde* daran beteiligt. Die pudrige Note ist unter anderem in *Chanel No 5, Calèche* und *Joop!* ausgeprägt.

Sandelholz – Das Holz eines Baumes, der in der indischen Provinz Mysore heimisch ist und auch auf Sri Lanka angebaut wird. Der Duft des ätherischen Öles ist warm holzig, mit cremiger und nussartiger Weichheit und einer süßmoschusartigen Nuance. Es wird in vielen Parfums eingesetzt und spielt in Kreationen wie *Samsara, Jazz, Tsar* und *Egoïste* eine herausragende Rolle.

Tabak – In Duftbeschreibungen wird hiermit ein Duftkomplex bezeichnet, der an aromatischen Pfeifentabak erinnert, mit der vollen Süße von Dörrfrüchten (Rosinen, Feigen, Pflaumen), abgerundet mit nussartigen, Vanille- und Rumnoten.

Tuberose – Eine stolze weiße Blume aus der Lilienfamilie, die in vielen tropischen Ländern wächst. Ihr Duft ist schwül und berauschend, mit einer typischen Kokosnussnuance.

Vetiver – Ein ätherisches Öl, das aus den Wurzeln eines Grases destilliert wird, das in Indien, Haiti und anderen tropischen Ländern wächst. Sein Duft ist trocken-holzig und pudrig, mit einer grünen Nuance, die an Spargel erinnert. Vetiveröl und einige aus diesem Öl gewonnenen Riechstoffe sind wesentliche Bestandteile des Holzkomplexes vieler Parfums. Es gibt mehrere Männerdüfte, die Vetiver oder Vetyver heißen. Alle enthalten wahrscheinlich Vetiveröl, doch sind an ihrem komplexen Duft noch viele andere Komponenten beteiligt.

Weiße Blüten – Mit diesem Ausdruck bezeichnen Parfümeure Blütenbouquets, in denen die etwas narkotisch-warmen Düfte weißer, zumeist subtropischer Blüten wie Tuberose, Jasmin, Gardenie, Narzisse und Jonquille und Orangenblüte die Hauptrolle spielen. Oft werden diese Blütennoten dabei von fruchtigen Noten wie etwa Himbeere, Cassis (schwarze Johannisbeere) oder Mango umrankt. Einige Parfums dieser Art genießen in den Vereinigten Staaten schon seit den vierziger Jahren und bis zum heutigen Tage große Beliebtheit; mit *Chloé* (1975) kam das Genre international zum Durchbruch.

White Flowers – s. Weiße Blüten. Der englische Ausdruck wird häufig verwendet, weil dieser Dufttyp sich vor allem in den USA großer Beliebtheit erfreut.

Ylang Ylang – Ein Öl aus den Blüten eines Baumes, der auf den Inseln östlich von Afrika und im pazifischen Raum wächst. Der Duft ist süß-blumig und berauschend, dem Jasmin verwandt, aber würziger.

Zibet – Wachsartiges Drüsensekret einer Wildkatze, die in Äthiopien heimisch ist. In konzentrierter Form hat Zibet absolu einen abstoßenden Duft, der an Löwenkäfige im Tiergarten erinnert. Sparsam und kunstvoll eingesetzt verschmilzt er sehr schön mit blumigen Nuancen und verleiht ihnen eine fast honigartige Süße. Oft ist es wesentlicher Bestandteil der animalischen* Duftkomponente eines Parfums.

Anmerkungen

Auf den Flügeln des Duftes

1 Interview in »Le Point«, 15.–21.2.1988, S. 111.
2 Zitiert in F. Sagan und G. Hanoteau, »Ein Hauch von Parfum«, Übersetzung: I. Walther-Dulk, Ullstein, Frankfurt/M. 1974, S. 7.
3 Zitiert bei Estée Lauder, »Estée: A Success Story«, Random House, New York 1985, S. 81.
4 Vor vielen Jahren wurde in den Vereinigten Staaten ein interessantes Experiment durchgeführt. Verkäufer gingen von Haus zu Haus mit zwei Koffern mit Damenstrümpfen. Die Strümpfe waren völlig gleich, nur waren sie in dem einen Koffer leicht anparfümiert, im anderen nicht. Am Ende des Tages waren weit mehr Strümpfe aus dem bedufteten Koffer verkauft worden als aus dem anderen. Nach den Gründen für ihre Wahl befragt, nannten die Käuferinnen den Glanz der Strümpfe, ihre Weichheit und andere Eigenschaften, oder sie schrieben ihre Wahl dem Zufall zu. Keine nannte den Duft. (E. Sagarin, »The Science and Art of Perfumery«, McGraw-Hill, New York 1945, S. 202)
Vor einigen Jahren wurde an der Universität München ein Test durchgeführt, in dem Studentengruppen u. a. einen Fragebogen mit Fragen über ihre augenblickliche Stimmung ausfüllten. Bei zwei Gruppen war der Testraum leicht mit unterschiedlichen Parfums beduftet, bei zwei anderen blieb er unbeduftet. Sonst waren die Gruppen und die Räume völlig vergleichbar bzw. identisch. Keiner der Testteilnehmer war sich bewusst, dass in dem Raum überhaupt ein Duft herrschte, und doch registrierten die Gruppen signifikant verschiedene Stimmungen. (W. Steiner, »Die Wirkung von zwei unterschiedlichen Raumbeduftern auf das menschliche Erleben und Verhalten«, in Paul Jellinek »Die psychologischen Grundlagen der Parfümerie«, 4. Aufl., Dr. A. Hüthig Verlag, Heidelberg 1994, S. 205.
Testpersonen beurteilten Frauen und Männer auf Grund von Fotos. In der Anwesenheit eines Duftstoffes, den Testpersonen nicht bewusst, wurden die abgebildeten Frauen als signifikant aufgeschlossener und anziehender beurteilt als in einem Paralleltest ohne Duftstoff. Im Warteraum einer Arztpraxis und in einem Kino wurde an bestimmten Stühlen ein Duftstoff in geringen Konzentrationen angebracht. Obwohl der Stoff nicht bewusst wahrgenommen wurde, wurden diese Stühle von Frauen gegenüber den unbedufteten signifikant bevorzugt. (M. D. Kirk-Smith und

D. A. Booth, »Chemoreception in human behavior«, Chemical Senses, 12, 159–66 [1987].)

5 Paul Jellinek, »Die psychologischen Grundlagen der Parfümerie«, 4. Auflage, Dr. A. Hüthig Verlag, Heidelberg 1994, S. 2.

6 Paul Jellinek, a.a.O., S. 37–42.

7 P. Süskind, »Das Parfüm«, Diogenes Verlag, Zürich 1985, S. 50–54.

8 James G. Frazier, »The Golden Bough«, Kurzfassung, Macmillan, New York 1958, S. 37.

9 Frazier, a.a.O., S. 33.

10 Interview in »Die Welt«, 8, 1990, S. 24.

11 Marylène Delbourgh-Delphis, »Le Sillage des Elégantes«, Verlag J.-C. Lattès, Paris 1983, S. 139.

12 Fernande Olivier, »Souvenirs Intimes«, Calman-Lévy, Paris 1988, S. 203.

13 The Financial Times, 17.11.1989.

14 Françoise Sagan und Guillaume Hanoteau, »Ein Hauch von Parfüm«, a.a.O., S. 56.

15 O. Moreno, R. Bourdon und E. Roudnitska, »L'Intimité du Parfum«, Verlag O. Perrin, Paris 1974, S. 29.

16 Marylène Delbourgh-Delphis, a.a.O., S. 149.

17 Denise Dubois-Jallais, Cosmétique News 69–70, 1989, S. 39.

18 Elle (Paris), 2.10.1989, S. 122.

Die Qual der Wahl

1 D. B. Gower, A. Nixon und A. I. Mallet, »The significance of odorous steroids in axillary odour« in »Perfumery: The psychology and biology of fragrance«, S. Van Toller u. G. H. Dodd, (Hg.), Chapman and Hall, London/New York 1988, S. 51–54. E. Eigen, Journ. Soc. Cosm. Chemists 41, 147–149 (1990).

2 Siehe z. B. P. Jellinek, »Die psychologischen Grundlagen der Parfümerie«, 4. Aufl., Dr. A. Hüthig Verlag, Heidelberg 1994, S. 112–114.

3 M. J. Russell, »Human olfactory communication«, Nature 260, S. 520–522 (1976). M. Schleidt und B. Hold, »Human Odor and Identity«. In »Olfaction and Endocrine Regulation« (ed. W. Breipohl), Information Retrieval, London 1982, S. 181–184. E. P. Köster, J. S. Jellinek und andere, »Odorants related to Human Body Odor«, Journ. Soc. of Cosm. Chemists, 37, 409–428 (1986).
T. Lord und M. Kasprzak, »Identification of self through olfaction«, Perceptual and Motor Skills 69, 219–224 (1989).

4 B. Schaal, H. Montagner, E. Hertling, D. Bolzoni, A. Moyse und A. Quinchon, »Les stimulations olfactives dans les relations entre l'enfant et la mère«. Reprod. Nutr. Develop. 20, 843–858 (1980).

5 T. Miyashita, persönliche Mitteilung.

6 O. Moreno, R. Bourdon, E. Roudnitska, »L'intimité du parfum«, O. Perrin, Paris 1974, S. 130.

Die Landkarte der Parfums

Die mit * markierten Ausdrücke werden im »Wörterbuch des Parfümeurs« am Ende des Buches erläutert.

1 J. S. Jellinek, »Per fumum«, Dr. A. Hüthig Verlag, Heidelberg 1997, S. 88ff., 107ff.

2 Paul Jellinek, »Die psychologischen Grundlagen der Parfümerie«, 4. Aufl., Dr. A. Hüthig Verlag, Heidelberg 1994, S. 89.

3 Peter Blumenthal, »Geruchsbeschreibung in der französischen Werbesprache«, Vox Romanica 38, 155–173 (1979); auch: Dragoco Report 28, 203–213 (1981). Vergl. auch Katrin Schneider, »Kontrastive Analyse der deutschen und französischen Parfümsprache«, Zulassungsarbeit, Univ. Stuttgart, 1989.

4 H. Frieling, »Farbe und Design für den Verkaufserfolg«, Dragoco Report 36, 35–51 (1989).

5 P. Blaizot, »Essay de Psycho-Physiologie de l'Odorat«, Parf. Cosm. Savons 6, 451ff, (1963)

6 »Der Duft-Typ-Test«, Vital, April 1999, S. 60–66.

7 L. Turin, »Parfums le guide«, ed. Hermé, Paris 1992, S. 43.

8 L. Turin, a.a.O., S. 81.

9 J. S. Jellinek, »Der Gourmand-Trend und die Psychologie des Parfums«, in »Per fumum«, Dr. A. Hüthig Verlag, Heidelberg 1997, S. 123–131.

10 L. Turin, a.a.O., S. 153.

11 L. Turin, a.a.O. S. 46.

12 L. Turin, a.a.O., S. 58.

13 L. Turin, a.a.O., S. 149.

14 L. Turin, a.a.O., S. 41.

Fragen zum Tragen

1 Estée Lauder, »Estée – A Succes Story«, Random House, New York 1985, S. 93.

2 B. und V. Sassoon, »A year of beauty and health«, Penguin Books, 1977, S. 253.

3 B. und V. Sassoon, a.a.O., S. 41.

4 Elle (Paris), 2.10.1989, S. 122.

5 E. Lauder, a.a.O., S. 83.

6 E. Lauder, a.a.O., S. 93.

7 Edward T. Hall, »The Hidden Dimension«, Doubleday, New York 1969.

8 Hugh Bain, »Measurement of consumer perception and evaluation of odors as an aid to perfume selection«, Esomar Seminar »Research on Flavors and Fragrances«, Lyon 1989.

9 J. Stoezel, zitiert in R. Barthes, »Système de la Mode«, Collection Points, S. 302, Fußnote 5.

Wie ein Parfum entsteht

1 Ann Gottlieb, Panel Discussion in Rahmen des World Perfumery Congress, Palma de Mallorca, Mai 1991.
2 L. Turin, »Parfums le guide«, ed. Hermé, Paris 1992, S. 86.
3 R. R. Calkin und J. S. Jellinek, »Perfumery: Practice and Principles«, Wiley, New York 1994, S. 138–140.
4 E. Roudnitska, »Formes Olfactives«, Journal de Médecine de Lyon 56, S. 43 (1975).
5 L. Turin, a.a.O., S. 8.
6 J. Polge, Interview in »Le Point«, 15.2.88, S. 109.
7 E. Shiftan, »Überblick über die Geschichte des Parfüms«, Parf. und Kosmetik 64, 299–304 (1973).
8 F. Sagan und G. Hanoteau, »Ein Hauch von Parfüm«, Übersetzung: I. Walther-Dulk, Ullstein Verlag, Frankfurt/M.–Berlin, 1974, S. 179.
9 Patricia Blakeley, »Everyone's guide to fragrance«, Seneca College of Applied Arts and Technology, North York, Ontario, Canada, 1985, S. 83–84.
10 J. Lescat, »Dinant – Les Formes du Parfum«, Ed. Pierre Belfont, Paris 1990.
11 F. Sagan und G. Hanoteau, a.a.O., S. 188–190.
12 J. S. Jellinek, »Parfums und Farben«, Dragoco Report 35, 14–29 (1988).
13 S. Le Norcy, »Selling perfume: a technique or an art?« in »Perfumery: The psychology and biology of fragrance«, S. Van Toller und G. H. Dodd (Hg.), Chapman and Hall, London 1988, S. 222–223.
14 J.-P. Mortier, »Parfums und ihre Schöpfer«, Dragoco Report 35, S. 46f. (1988).
15 J. Polge, a.a.O., S. 111.

Die geheime Sprache der Düfte

1 T. Engen, »The acquisition of odor hedonics« in »Perfumery: the psychology and biology of fragrance«, S. van Toller and G. H. Dodd (Hg.), Chapman and Hall, London/New York 1988, S. 90.
2 Marcel Proust, »A la Recherche du Temps perdu«, Bibliothèque de la Pléiade, Editions Gallimard, Paris 1954, Bd. 3, S. 872–873.
3 Dieser Ausdruck wird, zusammen mit anderen Begriffen aus der Fachsprache des Parfümeurs, im letzten Kapitel dieses Buches erklärt.
4 P. Jellinek, »Praktikum des modernen Parfümeurs«, 2. Aufl., Dr. A. Hüthig Verlag, Heidelberg 1960, S. 222.
5 Werbung für *Madame Rochas,* ca. 1990.

6 J. S. Jellinek, »Per fumum«, Dr. A. Hüthig Verlag, Heidelberg 1997, S. 110.

7 H. Frieling, »Farbe und Design für den Verkaufserfolg«, Dragoco Report 36, 35– 51 (1989).

8 R. Tisserand, »Essential oils as psychotherapeutic agents«, in »Perfumery: The psychology and biology of fragrance«, S. van Toller und G. H. Dodd (Hg.), Chapman and Hall, London/New York 1988, S. 180.

9 Alain Corbin, »Pesthauch und Blütenduft – Eine Geschichte des Geruchs«, Verl. Klaus Wagenbach, Berlin 1984.

10 R. Tisserand, a.a.O., S. 168.

11 Zitiert in P. Blaizot, »Parfums et Parfumeurs«, Ed. À l'Etoile, 1946, S. 49.

12 G. Gatti und R. Cayola, »L'azione delle essenze sul sistema nervoso«, Rivista Ital. delle Essenze a Profumi 5 (12), S. 133–135, zitiert in R. Tisserand, a.a.O., S. 169.

13 J. S. Jellinek, »Aroma-Chologie«, Dragoco Report 42, S. 5–31, 83–97 (1995).

14 J. S. Jellinek, »Per fumum«, Dr. A. Hüthig Verlag, Heidelberg 1997, S. 20–37.

15 New Scientist, Rg. 11 1979.

16 Jovan: »Andron for men« und »Andron for women«.

17 J. S. Jellinek, »Menschliche Pheromone: Ein Durchbruch in der Parfümerie?«, Dragoco Report 46, S. 4–28 (1999).

Moden und Trends im Duft

1 J. S. Jellinek, »Per fumum«, Dr. A. Hüthig Verlag, Heidelberg 1997, S. 123–131.

Duft für den Mann

1 L. Turin, »Parfums le guide«, ed. Hermé, Paris 1992, S. 78.

2 L. Turin, a.a.O., S. 42.

3 L. Turin, a.a.O., S. 55.

4 L. Turin, a.a.O. S. 80.

5 L. Turin, a.a.O. S. 143.

6 »Making Scents of the American Male: How Men View, Choose and Use Their Fragrances«, The Fragrance Foundation, New York 1990.

Die Bücher: J. S. Jellinek, »Per fumum« und Paul Jellinek, »Die psychologischen Grundlagen der Parfümerie« sind zu bestellen bei: G. Braun Fachverlage, Karl-Friedrich-Straße 14–18, 76133 Karlsruhe.

Register